Couverture supérieure manquante

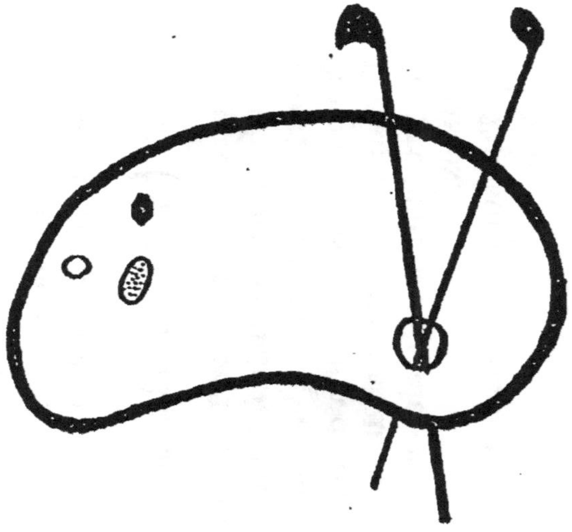

ORIGINAL EN COULEUR
NF Z 43-120-8

OUVRAGES SUR LA TUNISIE

La Tunisie, ouvrage en quatre volumes, fait sous la direction de la Résidence Générale à Tunis, par un groupe de spécialistes et traitant à fond les questions commerciales, agricoles, industrielles, etc. Chez Berger-Levrault, 5, rue des Beaux-Arts, à Paris.................. *prix broché,* Fr. 20 »

La France en Tunisie, Revue des Sciences Pures et Appliquées, numéros des 30 novembre et 15 décembre 1896. Monographie complète de la Régence de Tunis, écrite par les écrivains les plus autorisés. *A l'Union Coloniale Française* 2 50
par poste...................................... 3 25

Notes de législation tunisienne, par Paul de Dianous. Chez Lecène et Oudin, 15, rue de Cluny, à Paris. (2e édition).

Commerce de la Tunisie avec la France et les pays voisins. A Paris, *Librairie Africaine et Coloniale,* Th. André & Cie, 25, rue Bonaparte.

Promenade en Tunisie organisée par le Gouvernement de la Régence à l'occasion de la venue à Tunis du Congrès de *l'Association française pour l'avancement des Sciences,* par Henri Lorin. (Extrait du journal *le Tour du Monde.*) Paris, Hachette & Cie, 79, boulevard Saint-Germain.

Bulletin de la Direction de l'Agriculture et du Commerce (publication trimestrielle).

Brochures en distribution à la Direction de l'Agriculture et du Commerce

Ce qu'on peut faire en Tunisie, par M. Levasseur, de l'Institut.

Notice sur la Tunisie à l'usage des émigrants.

Fabrication et conservation du vinaigre de vin.

Note sur l'exploitation d'une petite propriété en Tunisie.

La culture de l'olivier dans le centre de la Tunisie.

La production animale en Tunisie, par le professeur André Sanson.

La Tunisie à l'Exposition Internationale de pêche de Bergen.

RÉGENCE DE TUNIS

PROTECTORAT FRANÇAIS

DIRECTION DE L'AGRICULTURE ET DU COMMERCE

NOTICE SUR LA TUNISIE

3e TIRAGE

TUNIS

IMPRIMERIE GÉNÉRALE (J. PICARD ET Cie), RUE AL-DJAZIRA

1899

PRÉFACE

Nécessité pour l'émigrant de posséder un capital. — Nulle part on ne peut entreprendre quelque chose avec rien. Aux colonies surtout, la bonne volonté et l'intelligence sont d'un faible secours si elles ne sont pas appuyées sur un capital. Cette vérité incontestable n'apparait pas avec un degré de clarté suffisant à la plupart de ceux qui veulent, comme ils disent, « s'établir aux colonies ». Ils n'ont guère que l'intention; les moyens leur font absolument défaut. Ils semblent se figurer que, pour réussir, le plus difficile est d'abord d'émigrer, mais qu'une fois la mer franchie, dès qu'on a posé le pied à terre, toutes les choses s'arrangent d'elles-mêmes; cette conception est absolument fausse.

Elle est malheureusement entretenue dans la masse de notre population rurale, dans ceux de nos départements qui fournissent les plus gros chiffres à l'émigration, par la lecture de prospectus alléchants présentant telle colonie de l'Amérique du Nord comme « la terre promise du cultivateur » où le blé et les fourrages poussent infailliblement pour peu qu'on en sème, où les bestiaux croissent et se multiplient à l'infini...

Pour achever de monter l'enthousiasme du lecteur, on fait luire à ses yeux l'espoir d'être propriétaire au bout de trois ans, sans bourse délier, d'un domaine de plusieurs hectares.

Ce que ces prospectus, aux couleurs chatoyantes, aux gravures suggestives, agrémentés en bonne place d'analyses vraiment séduisantes du « sol des prairies » et de barèmes d'exploitation où les bénéfices s'alignent en colonnes serrées, ne disent pas, c'est que la plupart des lots gratuits sont éloignés de toute voie de communication, que leur défrichement exige un labeur surhumain auquel succombe trop souvent le malheureux émigrant; que si, renonçant à ce don gratuit, mais si cher à utiliser, on veut un lot desservi par le rail ou la route et défriché, il faut le payer. Ils ne disent pas non plus que « la terre promise » reste sous la neige pendant de longs mois; qu'en été, elle est brûlée par la sécheresse qui détermine par surcroit des incendies terribles. Enfin, et c'est là le plus grave, ce que l'on ne dit pas au paysan français avant de lui faire quitter sa patrie, c'est que les titres de propriété de ses futurs hectares ne lui seront jamais remis s'il ne se fait pas naturaliser et s'il ne rompt pas, en un mot, tout lien avec la France. On compte, pour faire le silence autour des catastrophes qui résultent nécessairement d'une pareille propagande, sur l'éloignement et, il faut bien le dire, sur ce faux amour-propre qui empêche tant de gens de reconnaître qu'ils ont agi légèrement ; de fait, la plupart des victimes se taisent et traînent une existence misérable, perdues au sein d'une population étrangère, indifférente à leur malheur et dont elles ne comprennent même pas la langue.

Dans les républiques sud-américaines, le sort de nos émigrants n'est guère plus enviable. Si quelques-uns, originaires pour la plupart des pays basques, ont pu, il y a une vingtaine d'années, se faire, par le seul travail de leurs bras, une situation dans les fermes et les usines, il n'en est plus ainsi maintenant ; les états dont il s'agit ont été et sont encore aux prises avec des difficultés d'ordre financier qui en ont profondément altéré les conditions économiques ; en outre, l'afflux constant des Belges, des Italiens et des Allemands, qui travaillent à bas prix, a fait baisser le taux des salaires dans des proportions telles que des Français n'ont plus aucun intérêt à entreprendre un voyage long et dispendieux pour trouver à leur arrivée une existence plus précaire que celle qu'ils ont dans leur patrie.

La préférence doit être donnée aux colonies françaises. — De ce rapide coup d'œil jeté sur la situation qui est réservée à nos compatriotes qui émigrent à l'étranger, il résulte que nulle part on ne peut désormais trouver un pays où l'on fasse sa fortune sans suivre les voies qui d'ordinaire y mènent ; que partout, il faut disposer d'un certain capital ; dès lors, si on le possède, à quoi bon aller si loin, et renoncer à revoir jamais sa patrie et ceux qu'on y laisse, à quoi bon vivre sous un autre drapeau, avec des gens dont les mœurs et la langue vous sont inconnus, et courir des risques de maladie pendant que la France possède un magnifique domaine colonial ?

Du choix d'une colonie. Avantages offerts par la Tunisie. — Dans ce domaine colonial, l'émigration ne saurait, il est vrai, se porter partout ; il y a telles de nos possessions où l'Européen ne peut se reproduire ni séjourner plus d'un certain temps ; parmi les autres, on doit encore choisir. Il y a lieu de tenir compte, suivant les aspirations de chacun : du degré d'éloignement par rapport à la métropole, de la nature des cultures et de leur ressemblance plus ou moins grande avec celles que l'on pratique en France, de l'état d'avancement de l'outillage économique, du prix des terres, etc., etc..... Parmi les colonies qui présentent à ces divers points de vue le plus d'avantages pour l'émigrant français se place en première ligne la Tunisie qui fait l'objet de la présente notice.

Il n'y a en Tunisie ni concession gratuite ni colonisation officielle. — Disons tout d'abord que le nouvel arrivant ne doit pas compter obtenir de concession gratuite. Une expérience onéreuse, tentée ailleurs, a démontré que le colon ne s'attachait pas réellement à une terre qu'il n'avait pas payée, et que le système de la gratuité, tout en grevant les finances du pays, venait à l'encontre de ce que l'on en attendait, c'est-à-dire du développement de la colonisation. Celle-ci, pour croître librement, doit être tout entière l'œuvre de l'initiative individuelle. Le colon vraiment digne de la réussite et capable de se l'assurer est celui qui ne compte que sur lui-même et ne demande à l'Etat que les choses qu'il a le droit d'en attendre, à savoir : la sécurité dans ses biens et dans sa personne; des impôts mesurés, équitablement répartis; un système douanier et un outillage économique favorisant l'écoulement de ses produits; les moyens de donner l'instruction à ses enfants et de suivre son culte. Le Gouvernement du Protectorat ne pratique donc pas de colonisation officielle; toutefois, désireux d'alléger dans une certaine mesure les charges des émigrants à ressources restreintes, il leur accorde des réductions de prix de voyage et met à leur disposition des terres excellentes à des prix modérés; là se borne son intervention.

La nécessité de posséder un petit capital s'impose donc à qui veut venir en Tunisie, et ce capital variera nécessairement suivant ce que l'on voudra entreprendre.

Ce qu'il faut avant tout à la Tunisie, pays essentiellement agricole, ce sont de véritables cultivateurs, depuis le simple paysan, habitué à tirer sa substance d'un fonds modeste, jusqu'au gros propriétaire, fermier ou éleveur, habitué à pratiquer la culture en grand avec les machines les plus perfectionnées.

La Tunisie a besoin de véritables cultivateurs. — Au premier, dont les ressources seront forcément restreintes, conviendront les terres domaniales dont l'acquisition se fait à terme, les seconds rechercheront les achats à la barre du tribunal ou ceux de gré à gré. La combinaison si commode de l'enzel, qu'on trouvera expliquée ci-dessous, s'offrira au nouvel arrivant à ressources moyennes.

Peuvent aussi venir les petits rentiers, les fonctionnaires et les officiers retraités, surtout quand ils sont chargés de famille. En Tunisie, la vie matérielle est d'un bon quart moins chère qu'en France, et, en bien des régions, les malades, les convalescents ou simplement les tempéraments délicats trouveront des avantages égaux à ceux qui ont fait la réputation de nos plus célèbres stations hivernales.

Aux capitalistes, grands et petits, s'offrent des affaires nombreuses, le plus souvent avantageuses, soit qu'ils apportent leurs capitaux dans des exploitations industrielles ou agricoles, soit qu'ils se contentent de les placer sur hypothèque, cas où le revenu n'est jamais inférieur à 5 et atteint assez souvent 7 °/o sans aucune espèce d'aléa, grâce à la sécurité du statut immobilier créé par la loi foncière.

Nous verrons à l'article « main-d'œuvre, salaire » que les terrassiers et les manouvriers n'ont aucun intérêt à venir en Tunisie, à cause du bon marché de la main-d'œuvre et de la concurrence arabe, italienne, maltaise ou juive.

Toutefois, les ouvriers de certains corps de métier, et surtout ceux dont la profession se rattache à l'agriculture, tels que charrons, maréchaux-ferrants, bourreliers, tonneliers, cavistes, jardiniers, etc... pourront trouver du travail dans les grandes exploitations agricoles à la condition qu'ils possèdent un petit capital qui leur permette non seulement d'attendre qu'ils aient trouvé ce travail, mais encore d'acheter plus tard et de mettre en valeur une petite propriété tout en continuant à faire des journées sur les domaines voisins.

La Tunisie, on le voit, offre un vaste champ à l'activité de nos concitoyens de la mère-patrie. Tel agriculteur qui végète actuellement sur une petite propriété, sans espoir de l'agrandir jamais et d'établir ses enfants, trouvera de l'autre côté de la Méditerranée les moyens de donner à son existence un horizon plus large. Tel gros propriétaire verra, dans cette œuvre de colonisation, le moyen d'atténuer les effets de la loi sur les successions, car il pourra maintenir l'intégrité de son domaine entre les mains d'un de ses enfants, s'il fournit aux autres, de son vivant, au prix de sacrifices modérés, les moyens de devenir plus tard eux aussi de gros propriétaires en Tunisie.

Il est impossible, sans dépasser les limites d'une préface, d'énumérer toutes les combinaisons avantageuses que peut offrir à des esprits avisés et à des caractères entreprenants une colonie dont le bon renom s'affirme chaque jour davantage. Au surplus, la lecture des pages qui vont suivre sera suffisamment instructive pour donner à chacun une idée générale de ce que l'on peut entreprendre en Tunisie et faire partager la foi dans l'avenir de ce pays, que ne peut manquer d'avoir toute personne qui en a étudié les ressources.

NOTICE SUR LA TUNISIE

A L'USAGE DES ÉMIGRANTS

I. — RENSEIGNEMENTS GÉNÉRAUX

La Tunisie occupe l'extrémité N.-E. de la partie montagneuse de l'Afrique du Nord; baignée au nord et à l'est par la mer Méditerranée, elle touche, au sud, aux régions sahariennes. Description générale Situation et superficie

Du côté de l'ouest, la frontière qui la sépare de l'Algérie est une ligne brisée conventionnelle qui coupe le sixième degré de longitude est, s'en éloignant fort peu.

Vers le sud la frontière forme une courbe dont la convexité regarde l'Algérie et qui embrasse le Djerid.

La Tunisie a vaguement la forme d'un parallélogramme qui mesure 550 kilomètres dans sa plus grande dimension et 250 en moyenne dans sa plus petite. Sa superficie est d'environ 130.000 kilomètres carrés, qui peuvent être divisés de la manière suivante :

Terres labourables	2.600.000	hectares
Vignes	7.800	—
Oliviers	220.000	—
Palmiers	19.000	—
Figuiers de Barbarie	34.000	—
Boisements	810.000	—
Terres de jouissance	5.180.000	—
Dunes littorales	15.000	—
Dunes sahariennes	1.800.000	—
Alfa	1.500.000	—
Lacs, sebkhas, rivières	1.100.000	—
Routes, villes	31.000	—

Montagnes

Le système orographique de la Tunisie peut être fixé de la manière suivante :

1° Chaine septentrionale, séparant le bassin de la Medjerda des petits bassins côtiers de la Méditerranée, au nord.

Cette chaine comprend les montagnes de Khroumirie, des Nefzas et des Mogods ;

2° Un massif central qui s'étend sur toute la partie moyenne de la Régence avec une orientation générale S.-O.-N.-E. de Tébessa au cap Bon.

Les sommets sont beaucoup moins élevés que ceux de l'Atlas algérien dont ce massif est le prolongement; les principaux, ceux du djebel Zaghouan, à 60 kilomètres de Tunis, du djebel Bargou et du djebel Serdj n'ont que 1.294, 1.280 et 1.375 mètres.

De ce massif se détache au djebel Hallouch un rameau secondaire qui remonte jusqu'au Kef, en suivant presque parallèlement la frontière algérienne.

De la chaine centrale se détache encore un rameau méridional qui se dirige d'abord vers le sud, remonte ensuite vers le nord-est et vient se terminer à El-Djem par une série de petites collines; ce rameau émet en outre un prolongement qui vient border la rive nord des chotts. Au sud, la chaine du djebel Tebaga borde l'autre rive.

Vallées et Plaines

Les massifs montagneux de la Tunisie sont séparés par des vallées larges et riches, dont le sol d'alluvion est souvent d'une fertilité exceptionnelle tant à cause de sa nature et de sa richesse en matières utiles à la végétation qu'à cause de la grande épaisseur de la couche arable.

Le long du littoral oriental s'étend la fertile région du Sahel connue jadis sous le nom de Byzacène, dont la richesse a été signalée par tous les auteurs anciens.

Plus au sud s'étendent de vastes plaines dans les dépressions desquelles les eaux pluviales viennent se réunir et s'évaporer : les éléments salins qu'elles ont recueillis sur leur passage s'y concentrent et un certain nombre de sebkhas peuvent être exploitées comme salines.

Cours d'eau

La principale rivière de la Tunisie est la Medjerda, qui nait en Algérie non loin de Souk-Ahras, pénètre dans la Régence, près de Ghardimaou, et va se jeter dans la Méditerranée, au nord de Tunis, entre Bou-Chateur, l'ancienne Utique, et la petite ville de Porto-Farina.

Les affluents de gauche de la Medjerda sont de petits ruisseaux d'une faible importance, à l'exception du Bou-Hartma qui recueille les eaux du versant méridional des montagnes khroumires; ceux de droite sont l'oued Mellégue, l'oued Khaled et l'oued Siliana.

L'oued Miliane, désigné d'abord sous le nom d'oued El-Kebir, vient des montagnes de Djouggar et de Zaghouan et va se jeter dans le golfe de Tunis, non loin d'Hammam-Lif.

Au sud de la grande chaine centrale, l'oued Zeroud et l'oued Merguellil vont se perdre dans la plaine de Kairouan. Dans le golfe de Gabès se jettent l'oued Akarit et l'oued Gabès, celui-ci, après avoir arrosé l'oasis de ce nom; jusqu'à la frontière tripolitaine on rencontre encore plusieurs oueds dont le lit renferme des sources importantes : oued Zeuss, oued Mezessar, oued Morra, oued Fessi, etc.

Il existe, en outre, un grand nombre d'oueds dont les lits desséchés en été, sont torrents en hiver, au moment des pluies.

Lacs

Il existe en Tunisie de nombreux lacs dont la plupart ne sont que des bas-fonds au sol salé où viennent se perdre les oueds. En dehors des lacs de Tunis, de Bizerte, de Mateur et de Kelbia qui ont de l'eau toute l'année, les autres lacs, appelés d'ordinaire chotts ou sebkhas, n'ont de l'eau qu'une partie de l'hiver, à l'époque des pluies; les principaux sont : les sebkhas Es-Sedjoumi, Er-Rouana, Sidi-El-Hani, El-Mellaha, enfin les grands chotts Djerid et Fedjedj dans le Sud.

Plusieurs de ces lacs sont salés et se couvrent en été de cristallisations; ils constituent des mines importantes de sel.

Historique

A la suite de l'expédition de 1881, la France a établi son protectorat sur la Régence de Tunis, en vertu du traité du Bardo (12 mai 1881), et de la convention additionnelle à ce traité (8 juin 1883). L'exercice de ce protectorat est basé sur les principes suivants :

1° Maintien de l'autorité du Bey sur ses sujets;

2° Cession par le Bey à la France de son pouvoir militaire et diplomatique et acceptation de notre contrôle direct pour l'administration et les finances.

Le Bey de Tunis actuel est Sidi Ali Pacha, qui est au pouvoir depuis 1882. L'héritier présomptif est le Prince Mohammed, son fils.

Administration

Le Ministre plénipotentiaire, Résident Général, aux termes du décret du 25 juin 1885, est le dépositaire des pouvoirs de la République française dans la Régence. Il est en même temps Ministre des

Affaires étrangères du Bey. Il a sous ses ordres les commandants des troupes de terre et de mer, et tous les services administratifs concernant les Européens et les Indigènes. Il est représenté sur le territoire de la Régence par des fonctionnaires français qui portent le titre de Contrôleurs civils. Leur mission consiste à surveiller et à conseiller les autorités indigènes et à contrôler leur administration.

Ils sont en outre vice-consuls de France, et, en cette qualité, ils remplissent, pour les Français, les fonctions d'officiers de l'état-civil et de notaires.

Les services tunisiens des Finances, des Travaux publics, de l'Enseignement, de l'Agriculture et du Commerce, des Postes et Télégraphes, sont dirigés par des Directeurs français qui forment, avec les deux Ministres tunisiens, le Secrétaire général du Gouvernement et le Général commandant la Division d'Occupation, sous la présidence du Résident Général, le Conseil des Ministres et des Chefs de Services, chargé d'arrêter le budget de la Régence.

Justice

Les anciennes capitulations qui réglaient les rapports entre le Gouvernement du Bey et la juridiction consulaire ont disparu pour céder la place à la justice française.

En ce qui concerne les Européens la justice est rendue par des tribunaux français tant pour les procès qu'ils ont entre eux que pour ceux qu'ils peuvent avoir avec des Européens ou même des Tunisiens. Il n'y a d'exception à cette règle qu'en ce qui concerne les affaires immobilières.

Celles-ci sont du ressort des Tribunaux religieux musulmans, à moins que l'immeuble litigieux n'ait été l'objet d'une procédure spéciale, *l'immatriculation*, qui se fait devant un tribunal composé partie de magistrats français, partie de magistrats musulmans, sous la direction de magistrats français.

En ce qui regarde les Tunisiens, la justice est rendue par des tribunaux qui, il y a peu de temps encore, dépendaient, d'une façon complète, du ministère tunisien, mais qui sont actuellement transformés et comprennent un certain nombre de tribunaux de première instance et une juridiction d'appel. Tout cet ensemble est placé sous la direction d'un magistrat français, de telle sorte que la justice répressive se trouve en totalité entre les mains de la France qui l'exerce soit directement par des tribunaux français, soit indirectement en administrant les tribunaux tunisiens lorsque les délinquants sont sujets du Bey.

Sécurité

Il s'ensuit que toutes les mesures ont été prises pour la sécurité des colons.

« La totalité de la Tunisie, déclare sir R. Johnston, consul général d'Angleterre à Tunis, dans le rapport officiel adressé à son Gouvernement en 1898, est maintenant aussi sûre pour les touristes que la France. »

Armée

La Tunisie est occupée militairement par un corps de troupes françaises comprenant des régiments d'infanterie, de cavalerie, des détachements d'artillerie, etc., et commandé par un général de division. En outre un détachement de troupes indigènes forme la garde d'honneur du Bey.

Service militaire

Les jeunes Français habitant la Tunisie ne sont astreints qu'à une année de service militaire qui s'accomplit dans la Régence, mais pour jouir de cette faveur, il faut qu'ils soient fixés dans le pays six mois au moins avant l'époque du tirage au sort ; ils devront en outre, après leur libération, faire un séjour de dix ans, soit en Algérie, soit en Tunisie et ne quitter ces pays pour un voyage d'une certaine durée qu'avec l'autorisation de l'autorité militaire, sans quoi ils se verraient rappelés de la disponibilité à l'activité pour accomplir intégralement les trois années de service. Les appels des réservistes et des territoriaux sont les mêmes qu'en France, les manœuvres se font d'ordinaire de septembre à octobre. Tout émigrant quittant la France doit faire viser son livret par la gendarmerie en arrivant en Tunisie. Le commandement accorde, comme en France, des congés pendant la moisson.

Population

La population de la Tunisie est d'environ 1.500.000 habitants. La population française établie en Tunisie, d'après le recensement effectué le 29 novembre 1896 est de 17.000 personnes, sans compter l'effectif de la Division d'Occupation. La population française a augmenté des deux tiers pendant les cinq dernières années.

Les protégés et sujets français restent en dehors de ces chiffres.

Communications avec la France

Les communications avec la France sont assurées par plusieurs lignes de paquebots et en permanence par la Compagnie Générale Transatlantique et la Compagnie de Navigation Mixte (Cie Touache).

La durée réglementaire de la traversée est, suivant les départs, de 31 ou de 40 heures.

Cie Générale Transatlantique

Le prix des passages sur les paquebots de la Compagnie Transatlantique est indiqué dans le tableau ci-dessous ; ces prix comprennent la nourriture à bord :

	1re Classe	2e Classe	3e Classe	4e Classe
	fr.	fr.	fr.	fr.
De Marseille à Tunis et *vice versa*	100 »	70 »	30 »	18 »
— à Malte —	170 »	115 »	60 »	35 »
— à Sousse —	125 »	90 »	40 »	25 »
— à Sfax —	140 »	98 »	48 »	30 »
De Malte à Tunis —	55 »	40 »	25 »	15 »
De Tunis à Sousse —	25 »	18 »	10 »	7 »
— à Sfax —	50 »	35 »	20 »	15 »
— à Tabarka —	35 »	25 »	17 »	12 »

Les droits de port, payables en sus, sont à Tunis : 1re classe, 4 fr. — 2e classe, 3 fr. — 3e et 4e classes, 1 fr. 50.

Billets d'aller et retour. — Les billets d'aller et retour entre la France, l'Algérie, la Tunisie, Malte et *vice versa* donnent droit à une réduction de 20 % sur les prix du tarif. Cette disposition n'est toutefois applicable qu'aux 1re et 2e classes. La durée de la validité est de deux mois. Toute prolongation d'un mois entraîne la perception de 10 % du montant du billet aller et retour.

Il est alloué à chaque passager, pour les bagages, une franchise de poids de 100 kilos pour la 1re classe, de 60 kilos pour la 2e classe et de 30 kilos pour les 3e et 4e classes.

Il est recommandé aux passagers d'inscrire sur chaque colis de bagage leur nom et leur destination en caractères très apparents.

Les passagers quittant Paris (gare de Lyon) par le train rapide de 8 h. 25 du soir (1re classe seulement) peuvent enregistrer leurs bagages à cette gare directement pour Tunis. Le transbordement à Marseille s'effectue par les soins de la Compagnie Générale Transatlantique.

Cie Touache

Les bâtiments de la Compagnie de Navigation Mixte (Compagnie Touache) font actuellement un voyage par semaine de Marseille à Tunis, Sousse, Monastir, Mehdia, Sfax, Gabès, Djerba, Tripoli, et retour par les mêmes points.

Les prix des passages de la Cie Touache sont les suivants :

	1re Classe	2e Classe	3e Classe	4e Classe
	fr.	fr.	fr.	fr.
De Marseille à Tunis et *vice versa*	70 »	50 »	24 »	12 »
— à Sousse —	90 »	65 »	32 »	16 »
— à Monastir —	95 »	70 »	35 »	18 »
— à Mehdia —	105 »	75 »	40 »	20 »
— à Sfax —	120 »	90 »	50 »	25 »
— à Gabès —	140 »	105 »	60 »	30 »
— à Djerba —	150 »	115 »	65 »	32 »

En 1re, 2e et 3e classe les prix de passage comprennent la nourriture.

Les droits d'accostage du port de Tunis sont à payer en plus à raison de 4 fr. en 1re classe, 3 fr. en 2e classe, et 1 fr. 50 en 3e classe ou pont.

Ces mêmes droits sont pour le port de Sfax : 1re classe, 3 fr., 2e classe, 2 fr., 3e et 4e classe, 1 fr. Il n'en existe pas pour les autres ports.

Dans les ports de la côte tunisienne, les frais d'embarquement sont à la charge des passagers.

Les passagers quittant Paris (gare de Lyon) la veille du départ des paquebots Touache (1re classe seulement), par le train rapide de 8 h. 25 du soir, peuvent faire enregistrer leurs bagages, à cette gare, directement pour Tunis. Le transbordement des bagages à Marseille s'effectue par les soins de la Compagnie.

Cie des bateaux à vapeur du Nord

Cette Société, qui a son siège social à Dunkerque, assure des services réguliers entre Dunkerque, Londres, Boulogne-sur-Mer, Le Havre, Lorient, Saint-Nazaire, La Rochelle, La Pallice, Rochefort, Bayonne, Bordeaux, Port-Vendres, Cette, Marseille, Tanger, Bizerte, Tunis; — en correspondance à Bordeaux et à Marseille avec tous les services des Messageries Maritimes.

Autres lignes

Quelques autres lignes mettent en relations la Métropole et la Tunisie. Ce sont les suivantes :

Noël Dubuisson, armateur à Dunkerque. Ses navires desservent Dunkerque, Rouen, Tunis; leur service est seulement occasionnel.

Service maritime L. Couze et Cie, à Marseille. Dessert Marseille, Saint-Louis, Bône, Tunis, la Sicile. Bi-mensuel.

Lloyd Franco-Africain. Dessert : Anvers, Dunkerque, Le Havre, Rouen, Saint-Nazaire, Bordeaux, les ports du littoral algérien et tunisien. Service irrégulier.

Prince Line. Dessert : Liverpool, Manchester-canal, Tunis, Malte, Alexandrie, Jaffa et toute la côte de Syrie. Service régulier trimensuel.

Compagnie Havraise Péninsulaire de Navigation à vapeur. Dessert : Dunkerque, Le Havre, Tunis. Service régulier mensuel.

Barban et Daher. Dessert : Marseille, Bizerte et la côte tunisienne. Deux ou trois fois par mois.

Facilités de transports

Le Gouvernement du Protectorat ne dispose pas de passages entièrement gratuits en faveur des émigrants français; il fait obtenir d'importantes réductions de prix, sur les lignes de chemins de fer d'intérêt général, et sur les paquebots de la Compagnie Générale Transatlantique et de la Compagnie de Navigation Mixte, aux personnes qui se trouvent dans l'un des cas ci-dessous indiqués :

1° Personnes ayant acheté ou loué ou pris en métayage des terres dans la Régence ;

2° Personnes ayant obtenu d'un propriétaire ou d'un commerçant tunisien une promesse de travail ou d'emploi ;

3° Ouvriers ou employés déjà engagés en Tunisie ou disposant d'un capital net et liquide d'au moins mille francs leur permettant d'attendre jusqu'au jour où ils auront trouvé du travail ou l'emploi désiré ;

4° Personnes allant en Tunisie pour acheter ou louer des terres, et disposant d'un capital suffisant.

A l'appui de la demande on devra joindre une pièce authentique quelconque qui sera immédiatement rendue à l'intéressé : contrat d'achat, de location de métayage; promesse de travail ou d'emploi; extrait de compte courant dans une banque ou certificat de notaire.

La réduction accordée aux émigrants est de 50 % sur les chemins de fer. Pour la traversée de la Méditerranée, ils ont droit à un tarif spécial indiqué plus bas.

Ces réductions de tarifs ne sont applicables qu'à la 3e classe sur les chemins de fer et aux 3e et 4e classes pour la traversée. Chaque billet ne doit être utilisé que par son titulaire.

Le tarif réduit ne peut être accordé que pour un seul voyage; on a trois mois, à partir de la date de l'autorisation, pour profiter de cette faveur. Si on laissait passer ce délai, il serait nécessaire de formuler une nouvelle demande.

Les demandes de passage devront être adressées au Directeur de l'Agriculture et du Commerce à Tunis, soit directement, soit par l'intermédiaire du Président de l'*Union Coloniale Française*, à Paris.

Les émigrants devront faire connaître, en adressant leur demande, dans quelle classe ils désirent effectuer la traversée.

Instructions pour le voyage à tarif réduit

L'émigrant devra s'informer à la gare de départ si la Direction de la Compagnie du Chemin de fer a envoyé une autorisation de délivrance de billet à tarif réduit. Lorsque cette autorisation sera arrivée, il n'aura qu'à justifier de son identité pour être admis à voyager à demi-tarif, chaque billet de voyageur adulte donnant droit au transport gratuit de 100 kilogrammes de bagages. Mais l'intéressé ne devra pas se mettre en route avant d'avoir reçu la réquisition nécessaire pour la traversée, ainsi que les instructions de la Direction de l'Agriculture et du Commerce de Tunis. Arrivé à Marseille, l'émigrant, pour obtenir le passage à prix réduit, devra se présenter, muni de sa réquisition, dans les bureaux de la Compagnie Transatlantique, 12, rue de la République, ou ceux de la Compagnie Touache, 54, rue Cannebière, suivant le jour choisi pour son embarquement. Voici le tableau des jours de départ et des prix de la traversée pour chacune des Compagnies et pour les diverses destinations.

DÉSIGNATION DES PARCOURS	COMPAGNIE faisant le service	JOURS DE DÉPART de Marseille	TARIFS de passage avec vivres(1)		OBSERVATIONS
			3e classe	4e classe	
Marseille à Bizerte	Transatl.	Vendredi	18 50	16 70	Les tarifs de ce tableau comprennent les frais de port et de débarquement.
— Tunis direct	—	Lundi	20 75	18 95	
— —	Touache	Mercredi	20 75	18 95	
— — par Bizerte	Transatl.	Vendredi	21 05	19 25	
Tunis à Tabarka	—	Jeudi	10 65	9 45	——
Marseille à Sousse	Touache	Mercredi	29 65	25 45	
— Monastir	—	—	31 55	26 75	
— Mehdia	—	—	34 »	28 60	
— Sfax	Transatl.	Lundi	33 25	29 65	
— —	Touache	Mercredi	39 »	33 60	
— Gabès	—	—	42 95	36 35	
— Djerba	—	—	47 20	39 40	

Les enfants âgés de moins de cinq ans sont transportés et nourris gratuitement; ceux de cinq à quinze ans ne payent que la moitié des prix de ce tableau.

Bagages. — Les passagers ont droit au transport gratuit de 80 kilos de bagages en 3e classe et de 40 kilos en 4e classe. Les enfants transportés au demi-tarif ont droit à une franchise de

(1) Ce tarif n'est applicable qu'aux émigrants munis d'une réquisition délivrée par la Direction de l'Agriculture et du Commerce à Tunis.

bagages égale à la moitié d'une des fixations qui précèdent, suivant la classe. Au-dessus de ces poids, les tarifs sont fixés à 3 fr. les 100 kilos. Quant au mobilier et au matériel ordinaire qui ne voyagent pas sur le même bateau que l'émigrant, on peut demander l'application du tarif suivant :

TARIF DE L'ÉTAT applicable au poids de 1.000 kilos ne dépassant pas 144 centièmes de mètre cube en volume

De Marseille à	Bizerte	22	70	OBSERVATIONS. — Ce tarif s'applique également aux objets atteignant 144 centièmes de mètre cube à l'encombrement, quelle que soit la légèreté de leur poids. Il ne convient donc pas aux objets très encombrants, tels que voitures, etc., pour lesquels il faut demander l'application du tarif ordinaire.
—	Tunis direct	25	»	
—	Tunis par Bizerte.	25	40	
—	Sousse	31	50	
—	Monastir.........	32	10	
—	Mehdia..........	33	55	
—	Sfax.............	39	55	
—	Gabès...........	42	50	
—	Djerba	44	35	

Dans certains cas, ce tarif spécial peut être moins avantageux que le tarif ordinaire : cela dépend de la nature, du volume, du poids des objets. Il appartient aux émigrants de se renseigner à cet égard dans les bureaux des Compagnies de navigation en fournissant au personnel toutes les explications nécessaires.

TARIF ORDINAIRE applicable au poids de 1.000 kilos quel que soit le volume

Marseille à	Bizerte..........	42 25	Marseille à	Mehdia	63 50
—	Tunis direct.......		—	Sfax	66 75
—	Tunis par Bizerte....		—	Gabès...........	64 50
—	Sousse..........	54 50	—	Djerba	63 50
—	Monastir.........	63 50			

Les prix du tarif ordinaire doivent être momentanément majorés d'environ 10 % par suite d'un nouveau droit établi à titre provisoire.

Renseignements avant le départ

L'émigrant peut se procurer tous les renseignements dont il a besoin avant son départ pour préparer son installation en Tunisie en écrivant au Directeur de l'Agriculture et du Commerce à Tunis.

Il peut également s'adresser à Paris, à l'*Union Coloniale*, 44, rue de la Chaussée-d'Antin, où fonctionne un bureau de renseignements dépendant de la Direction de l'Agriculture et du Commerce de la Régence, et où il lui sera fourni gratuitement toutes les indications de nature à lui être utiles.

Vêtements objets de ménage outils à emporter

L'émigrant peut faire usage, en Tunisie, de tous les vêtements qu'il porte en France, de ses outils, de ses objets de ménage et de son mobilier. Il n'a pas besoin de s'approvisionner extraordinairement, car il trouve, dans ce pays, tous ces objets à bon compte. Il n'a donc à emporter avec lui que ce qu'il possède de moins embarrassant et de moins lourd.

Meilleure époque pour arriver

La meilleure époque pour arriver en Tunisie est la période comprise entre la fin de septembre et le commencement de mai.

Le nouvel arrivant, profitant d'un climat remarquablement agréable, peut parcourir la Tunisie et choisir la région qui lui convient le mieux, examiner et acheter sans hâte le terrain qu'il se propose d'exploiter ; s'il veut louer ses services, il trouvera plus facilement du travail au commencement de la campagne agricole qui s'ouvre en octobre. Les vignerons pourront s'engager chez les propriétaires viticulteurs pour la taille de la vigne ; les laboureurs pourront aussi participer immédiatement aux travaux des champs, et les ouvriers qui ont un métier spécial s'embaucheront plus facilement au moment où le commerce et l'industrie redoublent d'activité à l'arrivée des hiverneurs ou au retour de tous ceux qui vont en France pendant l'été.

Arrivée du colon

Dès son arrivée à Tunis le colon fera bien de s'adresser à la Direction de l'Agriculture et du Commerce, 22, rue d'Angleterre, où fonctionne un bureau spécial de renseignements, au Service de la Colonisation. Il trouvera là de nombreuses indications de nature à faciliter ses recherches et des renseignements sur les lots de terre préparés à son intention et sur les domaines particuliers à vendre ou à louer.

Il évitera ainsi une perte d'argent et de temps.

Songeant aux difficultés de toute sorte que rencontre le nouvel arrivant pour s'établir sur un terrain vierge, couvert souvent d'une brousse intense, qu'il lui faut péniblement détruire avant de se livrer à la culture, la Direction de l'Agriculture a utilisé la main-d'œuvre pénitentiaire au débroussement de certains domaines qui sont cédés nets de toute végétation adventice et susceptibles, par suite, d'être mis immédiatement en valeur.

Non seulement les colons, à leur arrivée, sont renseignés, mais encore ils reçoivent, s'ils le désirent, des conseils sur place.

Les inspecteurs de l'Agriculture qui ne cessent de parcourir la Régence peuvent être mis à leur disposition, soit pour guider les nouveaux arrivants dans le choix des méthodes à suivre, soit pour combattre les maladies des végétaux et des animaux.

Le laboratoire de chimie agricole peut aussi leur être d'un grand secours; les analyses de terres et de vins y sont faites gratuitement.

Ventes de terres domaniales de colonisation

Le Gouvernement du Protectorat n'accorde pas de concessions gratuites. Il se borne à morceler de grandes propriétés et à les mettre en vente par lots accessibles aux petits colons.

Situés près des voies de communication et des centres habités, ces lots sont propres à toutes les cultures du pays, principalement à celle des céréales et de la vigne et à l'élevage du bétail.

Ils sont principalement situés dans le Nord de la Régence.

La vente a lieu de gré à gré, à prix fixe, à la Direction de l'Agriculture et du Commerce.

Les conditions de vente sont les suivantes :

Le prix est, en principe, payable moitié au moment de la passation de l'acte, un quart après la troisième année à partir de la signature de l'acte, et le dernier quart après la quatrième année, le tout sans intérêt.

Si l'acquéreur le préfère, il peut acquitter la totalité de son prix lors de la passation de l'acte; dans ce cas, il a droit à une réduction de 10 % sur le prix fixé dans la première combinaison.

Engagement

L'acheteur s'engage à construire et à s'installer personnellement ou à installer à sa place une famille française, et à mettre en valeur le terrain vendu, le tout dans un délai de deux ans à dater de la prise de possession. Cette mise en valeur doit être sérieuse et en rapport avec les ressources de l'acquéreur.

Le titre foncier n'est délivré qu'après la constatation de l'accomplissement de ces conditions et cette délivrance ne comporte comme charge qu'une hypothèque de premier rang pour garantir le paiement des termes non échus.

En cas de non accomplissement des conditions d'établissement et de mise en valeur dans le délai de deux ans, l'Etat reprend le terrain avec toutes ses améliorations en remboursant seulement les sommes versées, sous déduction de 5 % du prix total représentant l'indemnité d'occupation du sol. Le prix de ces lots peut varier suivant la situation, la nature du sol et l'état des défrichements, entre 40 et 200 francs l'hectare. Ils sont d'une étendue très variable qui va jusqu'à cent hectares et au delà.

Des lots industriels sont vendus aussi à partir de 10 centimes le mètre carré.

Terres de la région du Sud

En dehors des terrains mis à la disposition de la petite et moyenne colonisation et propres à la culture des céréales, et de l'élevage du bétail ainsi qu'à la culture de la vigne, il existe dans le Sud de la Régence des terres domaniales qui sont vendues aux colons pour y créer des plantations d'oliviers, caroubiers, amandiers, etc.; leur prix est de 10 francs l'hectare, payable moitié de suite, moitié quatre ans après avec faculté d'anticipation de paiement. L'achat de ces terrains est surtout conseillé aux colons qui possèdent des capitaux leur permettant d'attendre dix ou quinze ans un revenu rémunérateur. C'est un placement de père de famille, mais un placement à longue échéance. Une brochure spéciale délivrée gratuitement par la Direction de l'Agriculture traite cette question.

Des renseignements détaillés sur les lots domaniaux disponibles sont communiqués à toutes les personnes qui en font la demande au Directeur de l'Agriculture et du Commerce.

Propriétés diverses

La Direction de l'Agriculture et du Commerce a dressé, en outre, une liste des propriétés particulières qui sont à vendre ou à louer; cette liste, qu'elle s'attache à tenir au courant de toutes les modifications, est mise à la disposition des émigrants.

Une série de brochures ainsi que des numéros du Bulletin trimestriel où sont étudiées les principales questions intéressant plus spécialement l'agriculture tunisienne, publiés par les soins de la Direction de l'Agriculture et du Commerce sont adressés gratuitement à tous ceux qui les demandent.

Les futurs colons y trouvent des renseignements nombreux et des indications précises sur la Tunisie et sur les entreprises qu'ils se proposent d'y tenter.

Biens Habous

Les biens habous sont des biens de mainmorte dont les revenus sont destinés à l'entretien de fondations pieuses ou charitables : la loi musulmane interdit l'aliénation de ces biens, sauf, par voie d'échange contre un immeuble de même revenu, mais peuvent être acquis par voie d'enzel, c'est-à-dire grâce au paiement d'une rente perpétuelle, comme il est exposé plus loin. (V. page 42).

Ces terrains sont situés en particulier dans les régions du Nord, les plus propices à la colonisation; ils offrent de grandes étendues de terres gérées par l'Administration des Habous, où l'émigrant peut trouver à s'installer dans de bonnes conditions.

La Direction a obtenu par échange un certain nombre de lots habous, notamment près de Béjà, qu'elle peut céder de *gré à gré*, aux colons qui viennent de France.

Climat

Les régions du Tell, des Hauts-Plateaux et du Sahara sont loin d'être aussi nettement tranchées en Tunisie qu'en Algérie : si la région tellienne, qui comprend la Khroumirie, le pays des Mogods, ressemble assez à la Kabylie, les sommets y sont moins élevés et les hivers moins rigoureux.

Les Hauts-Plateaux présentent une surface bien moindre qu'en Algérie et on ne les rencontre guère qu'entre Souk-el-Djemaâ et la Kessera, où le climat est relativement froid en hiver, très chaud en été.

Les montagnes qui constituent les derniers prolongements de l'Atlas algérien viennent mourir loin de la mer dans les grandes plaines basses du Sahel tunisien qui participe à la fois du Tell par suite du voisinage du golfe de Gabès et du Sahara auquel elles confinent.

Salubrité

Le climat de la Tunisie est très sain : il n'existe dans ce pays aucune maladie particulière, et les fièvres y sont peu communes, et les maladies contagieuses très rares.

Saisons

L'année comprend une saison humide et pluvieuse, et une saison chaude, séparées par deux saisons très douces.

Pluies

Les pluies commencent en octobre ou novembre et peuvent durer jusqu'au mois d'avril : de mai à octobre il ne pleut pour ainsi dire pas, mais la sécheresse ne se fait sentir que de juillet à la fin de septembre; elle sert, d'ailleurs, les travaux des champs, récolte de de blé, vendanges.

Les pluies d'automne sont souvent torrentielles et amènent des crues rapides des rivières qui s'assèchent plus ou moins en été : les pluies d'avril sont moins violentes.

La région nord de la Tunisie reçoit tous les hivers des pluies abondantes : au Feïdja et à Aïn-Draham il tombe en moyenne 1m50 à 1m85 d'eau par an ; à Bizerte, plus de 0m600, c'est-à-dire autant et plus d'eau que dans le nord de la France ; dans les Hauts-Plateaux et dans la région de Tunis, la hauteur d'eau tombant annuellement varie de 700 à 400 millimètres.

A Sousse, il tombe encore plus de 0m400 d'eau, tandis qu'à Kairouan il en tombe moins de 400, à Sfax et au sud moins de 300.

C'est dans les régions où il tombe au moins 0m500 d'eau que les cultivateurs européens doivent surtout chercher à s'établir ; si les céréales réussissent très bien avec une moindre quantité de pluie, il n'en est pas moins vrai que l'année n'est pas toujours favorable et que l'hiver et le printemps peuvent être secs.

C'est dans ces mêmes régions, où il tombe plus de 0m500 d'eau, que l'engraissement du gros bétail peut donner de beaux résultats : le mouton, au contraire, réussit surtout au sud de la Medjerda, dans les régions où il tombe moins de 0m400 d'eau.

Température

Si la température est parfois très élevée en été, et cela surtout les jours où souffle le siroco ou vent du sud, le désagrément qui en résulte est bien largement compensé par la douceur du climat des trois autres saisons. Dès les premières pluies d'automne la température devient tempérée ; sous cette double influence d'un climat doux et des pluies parfois abondantes, la campagne se couvre d'une végétation luxuriante, les plaines et les montagnes verdissent d'abord, puis se couvrent de floraisons abondantes que n'arrêteront que les fortes chaleurs de l'été.

Dès que septembre est passé, les fortes chaleurs ne sont plus à craindre, aussi les touristes arrivent-ils chaque année plus nombreux. La douceur exceptionnelle du climat pendant la saison d'hiver rend la Tunisie une des contrées les plus favorables aux tempéraments fatigués, en même temps que des plus agréables pour ceux qui peuvent fuir les rigueurs des frimas européens : aussi un certain nombre de capitalistes français, profitant des facilités accordées par le Gouvernement du Protectorat, pour l'achat et la mise en valeur des terres de la région de Sfax, ont-ils acquis d'importants domaines qu'ils complantent en oliviers à l'aide de megharcis, venant visiter leurs propriétés pendant l'hiver qui est, d'ailleurs, justement l'époque de la récolte des olives.

De 1889 à 1895, la température moyenne de l'été (juin, juillet et août) a été de 25°6, celle de l'hiver (décembre, janvier et février), de 11°2 et la température moyenne de l'année, de 17°6.

En résumé, dans la zone littorale et dans la région nord, le climat de la Régence peut être classé dans les climats doux du littoral méditerranéen.

Il existe, d'ailleurs, dans le Nord, en particulier dans les superbes forêts de chênes-liège et de chênes-zéen de la Khroumirie et dans les Mogods, des sites ombragés, où l'on peut trouver, en plein été, un abri contre les ardeurs du soleil et la fraîcheur auprès des eaux courantes.

Hygiène

Le Français n'éprouve pas, en Tunisie, les mêmes difficultés d'acclimatement que dans les pays tropicaux, grâce à la sécheresse de l'atmosphère. Bien que la température soit plus élevée l'été, le climat ne diffère pas sensiblement de celui du Midi de la France. Les statistiques établissent que la mortalité des Européens y est moins élevée sur la plupart des points que dans les grandes villes de France.

Les maladies les plus ordinaires sont dues, en général, à la chaleur du jour et à la fraîcheur des nuits. Pour éviter les affections qui en résultent, les colons devront se vêtir de laine et s'envelopper les reins d'une ceinture de flanelle.

Vêtements

Les vêtements inférieurs, pantalons, chaussures, doivent être larges, de manière à ne pas gêner la circulation. La chemise de toile peut être remplacée par la chemise de flanelle.

Les coiffures doivent être épaisses ; il faut de préférence porter le casque de liège ou de moëlle de sureau, ou le chapeau de feutre à larges bords pendant l'été ; l'usage du parasol est excellent.

Alimentation

L'alimentation, en général, doit être légère et tonique.

Les meilleures boissons sont le café et le thé. Le vin ne doit être bu que pendant les repas et en faible quantité ; d'une façon générale, le colon doit user modérément des boissons alcooliques.

Logements

Quant au logement, les habitations arabes semblent préférables ; elles sont construites pour la chaleur et se composent, en général, de galeries basses ouvrant sur une cour intérieure protégée du soleil. L'air est frais dans ces cours. En hiver, cependant, elles sont sont souvent humides.

Le genre à adopter serait une construction mixte tenant de notre architecture et de l'architecture arabe.

Le mètre cube de maçonnerie vaut de 9 à 12 francs, suivant l'éloignement de la pierre, de la chaux et du sable. La journée d'un maçon européen est de 5 à 8 francs ; celle d'un maçon indigène est de 3 francs.

Malgré ces données, le prix d'une maison sera très variable ; la dépense correspondra aux ressources du nouvel arrivant ; toutefois, celui-ci ne devra pas perdre de vue que sa santé, celle des siens et l'amour qu'il portera à son chez soi dépendront beaucoup de la manière dont il aura construit sa demeure. Avec des matériaux trop légers il économisera sur le prix de revient, mais il aura des mécomptes sur la durée, sur la solidité, et ne sera qu'insuffisamment protégé contre la chaleur et l'humidité. C'est pourquoi, et sans qu'il soit possible de poser de règle fixe en pareille matière, on peut dire cependant que pour une famille française de cultivateurs, comprenant : père, mère, un ou deux enfants, il conviendra de tabler sur un prix de 3 à 5.000 francs.

Par contre les hangars-écuries pourront être établis en matériaux légers.

Prix des denrées et des instruments

Le pain se vend 0 fr. 30 le kilo ; le vin ordinaire, 0 fr. 15 à 0 fr. 25 le litre ; la viande, 1 fr. 20 le kilo ; le sucre blanc, 0 fr. 50 le kilo ; le beurre, 3 francs le kilo ; le pétrole, 0 fr. 12 le litre ; le macaroni, 0 fr. 30 le kilo ; les pâtes diverses, 0 fr. 40 le kilo ; les pommes de terre, 0 fr. 15 le kilo ; les œufs, 0 fr. 70 la douzaine ; l'eau-de-vie du pays, 1 fr. 20 le litre ; le fromage, 2 fr. 80 le kilo.

Les vêtements sont vendus à meilleur marché qu'en France. Il existe à Tunis et dans les principales villes de grands approvisionnements d'étoffes de toutes sortes.

Les instruments agricoles, les harnais sont payés aux prix de France, légèrement majorés à cause des frais de transport ; les instruments agricoles sont exempts des droits de douane.

Les bœufs de labour valent de 150 à 300 francs la paire, suivant leur âge et leur taille.

Les vaches se paient de 60 à 100 francs, suivant la saison.

Les taurillons valent, suivant la saison et suivant leur état, de 30 à 60 francs les 100 kilos, poids vif.

Le bétail est en général à très bon marché pendant les mois d'été; les prix se relèvent en moyenne de 20 à 40 % de novembre à avril.

On trouve des chevaux à tous les prix, de 40 à 500 francs, mais un cheval de bonne taille et passable vaut de 125 à 300 francs.

Le blé vaut...... *les 100 kilos* Fr.	17	»	à	25	»
L'orge........................	11	»	à	15	»
L'avoine........................	10	»	à	12	»
Le maïs........................	12	»	à	13	»
Les fèves valent..................	14	»	à	16	»

Les pommes de terre se paient, en Tunisie, de 10 à 15 francs les 100 kilos.

On trouve sur les marchés des villes toutes les denrées nécessaires à l'alimentation. Le lait vaut de 0 fr. 40 à 0 fr. 50 le litre à Tunis; les volailles arabes qui sont petites, il est vrai, se vendent, en ville, au prix de 1 franc à 1 fr. 75 par tête; le poisson est très abondant, de bonne qualité et livré à bon compte; les légumes sont abondants.

La viande de bœuf, de mouton et de porc est bonne et se vend à des prix généralement inférieurs aux prix des villes de France.

Le gibier est à très bon marché, les prix les plus élevés sont ceux de Tunis où les perdrix valent de 0 fr. 60 à 0 fr. 80 la pièce et les lièvres 2 fr. 25 à 3 francs.

Poids et mesures Monnaies

Depuis le 1er mars 1895 le système décimal des poids et mesures, adopté en France, est le seul employé dans toute l'étendue de la Tunisie pour les poids, les mesures de longueur et les mesures de volume.

Le système monétaire en vigueur est le système français avec une monnaie spéciale.

Main-d'œuvre Salaires

Les conditions du travail sont sensiblement les mêmes qu'en France; cependant, le prix de la main-d'œuvre, à cause de la concurrence des Indigènes et des Italiens, est moins élevé que dans la Métropole.

Les ouvriers des champs, Européens, se contentent d'un salaire de 2 francs à 2 fr. 50 par jour. Les Arabes gagnent 1 fr. 25 et 1 fr. 50 par jour sans être nourris. Les Arabes tunisiens, les nègres du Soudan, du Fezzan et du Touat sont faciles à recruter: bien dirigés ils travaillent fort bien et constituent une main-d'œuvre avantageuse.

Les ouvriers des villes exerçant des métiers spéciaux sont, en général, bien payés à condition qu'ils soient des praticiens très habiles dans leur partie et que celle-ci ne soit pas trop encombrée ; sont dans ce dernier cas les métiers suivants : armuriers, bijoutiers, horlogers, bouchers, bonnetiers, charpentiers, distillateurs, menuisiers, peintres, tailleurs.

Les employés de commerce proprement dits, commis de nouveautés, de banque, comptables, garçons de bureau, encaisseurs, ne trouvent qu'exceptionnellement du travail, car on leur demande presque partout la connaissançe de l'italien et de l'arabe ; les jeunes gens du pays qui parlent ces langues et se contentent d'appointements très minimes font aux nouveaux débarqués une concurrence insoutenable. De son côté le Protectorat ayant conservé dans l'administration un certain nombre d'indigènes ne demande qu'un nombre de fonctionnaires très limité ; en outre l'obtention des quelques emplois existants est subordonnée à la possession des langues du pays et à l'acquisition de connaissances toutes techniques. Si nous ajoutons que la plupart des domaines sont exploités par leur propriétaire, et que les rares places de régisseurs ou de chefs de culture sont surtout données à des colons depuis longtemps fixés dans le pays, au courant de ses méthodes culturales, de ses mœurs et de ses langues, on comprendra comment la Tunisie offre peu de chances de réussite aux nombreuses personnes qui, sans capitaux et sans connaissances spéciales, n'ayant que leur bras et leur bonne volonté, veulent émigrer aux colonies.

Voies de communications

De nombreuses routes et pistes sillonnent la Tunisie.

Il n'existait, en 1883, d'autre route empierrée que celle de Tunis au Bardo, d'une longueur de 4 kilomètres ; encore se trouvait-elle dans un état déplorable faute d'entretien. Toutes les voies de communication étaient à l'état de pistes d'une largeur très variable, en très mauvais état et le plus souvent impraticables en hiver. Aussi la circulation était-elle difficile en toute saison.

Depuis cette époque, plus de 1.600 kilomètres de routes empierrées ont été livrés à la circulation.

Les principales routes sont celles de Tunis à La Goulette et à La Marsa. — Tunis à La Marsa. — Tunis à l'Ariana et à La Soukra. — Tunis à Radès et à La Goulette. — Tunis à Bizerte. — Schuiggui au Batan. — Chaouat à Djedeida. — Souk-el-Arba à Aïn-Draham et Tabarka. — Souk-el-Arba au Kef. — Tunis à La Manouba. — Tunis à Medjez-el-Bab, Teboursouk et Le Kef. — Tunis à Sousse, Sfax et Gabès. — Sousse à Monastir et Mahedia. — Sousse à Djemmal et Mokenine.

Les principales pistes sont celles de Gabès à Gafsa. — Gafsa à Kairouan. — Gafsa à Tébessa. — Gafsa à Tozeur. — Gafsa à Kebilli par Bir-Oum-Ali. — Tozeur à Gabès par El-Oudiane, Fatnassa et Kebili. — Gabès à Médenine et Tataouine. — Médenine à Zarzis et Ben-Guerdane. — Zarzis à Ksar-ben-Guerdane.

Sur les routes et les pistes, aux principales étapes, l'Administration des Travaux publics a établi et entretient des bordjs ou caravansérails destinés à abriter les voyageurs.

Le nombre de kilomètres de voies ferrées actuellement exploitées dans la Régence s'élève à environ 930.

Les lignes en exploitation sont :

Tunis à Ghardimaou et en Algérie. — Tunis à La Goulette, Marsa, Bardo. — Tunis à Bizerte, par Mateur. — Tunis à Soliman. — Béjà au pont de Trajan. — Tunis au pont du Fahs et à Zaghouan. — Tunis à Hammam-Lif et Menzel-bou-Zelfa. — Tunis à Nabeul et à Enfida et Sousse. — Sousse à Kairouan.

Les lignes de Tunis au Mornag et de Sousse à Mokenine sont en construction. Les études de la ligne du Kef au pont du Fahs sont achevées, et le programme de la Direction des Travaux publics comprend la construction des lignes de Soliman au Cap Bon, Sousse à Sfax, etc.

Une ligne ferrée de 250 kilomètres relie Sfax à Gafsa et à Metlaoui, centre de l'exploitation de carrières importantes de phosphate de chaux.

Postes
Télégraphes
Téléphones

Les correspondances postales sont taxées de la manière suivante :

1° Dans l'intérieur de la Régence :

Lettres ordinaires affranchies : 10 centimes par 15 grammes ou fraction de 15 grammes. — Lettres non affranchies : 20 centimes.

Les cartes postales sont taxées au prix de 5 centimes.

2° Pour la France et l'Algérie :

Lettres ordinaires affranchies : 15 centimes par 15 grammes ou fraction de 15 grammes. — Lettres non affranchies : 30 centimes.

Les télégrammes entre les bureaux de la Tunisie et les bureaux de la France et d'Algérie sont payés 5 centimes le mot, sans que le prix de la dépêche puisse être inférieur à 50 centimes.

Depuis le 1er janvier 1892, l'Office des Postes et Télégraphes a ouvert à l'échange des colis postaux, des recettes et des distributions dans les principales localités de la Régence.

Les règles appliquées sont celles de l'Administration de France.

Les taxes à percevoir sont fixées conformément au tableau ci-après :

TROIS KILOS		CINQ KILOS		DIX KILOS	
BUREAU restant	A DOMICILE	BUREAU restant	A DOMICILE	BUREAU restant	A DOMICILE
RÉGENCE DE TUNIS					
0 fr. 60	0 fr. 85	0 fr. 80	1 fr. 05	1 fr. 25	1 fr. 50
FRANCE ET ALGÉRIE					
1 fr. »	1 fr. 25	1 fr. 20	1 fr. 15	2 fr. 20	2 fr. 15

A ajouter pour la déclaration : 10 centimes pour la Tunisie, 20 centimes pour la France.

Des lignes télégraphiques aériennes relient entre eux et à Tunis les principaux centres de la région, jusqu'aux plus éloignés : Tozeur, Gabès, Tataouine.

Un réseau téléphonique est établi à l'intérieur. Les réseaux urbains de Tunis et banlieue, relient Tunis à Bizerte, La Goulette, Hammam-Lif, Sousse et Kairouan.

La Tunisie fait partie de l'Union Postale.

Instruction publique

L'émigrant trouve en Tunisie, de grandes facilités pour l'instruction de ses enfants. Sur un très grand nombre de points de la Régence, il a été créé des écoles ; l'enseignement secondaire est donné à Tunis dans un lycée assimilé aux lycées de France et dans des établissements libres.

Les établissements scolaires sont actuellement au nombre de 117 et reçoivent un effectif de 16.241 élèves dont le tableau suivant indique la nationalité et le sexe.

ÉTABLISSEMENTS	GARÇONS							FILLES							TOTAUX GÉNÉRAUX
	Français	Italiens	Maltais	Musulmans	Israélites Indigènes	Divers	TOTAUX	Françaises	Italiennes	Maltaises	Musulmanes	Israélites	Diverses	TOTAUX	
publics	1327	1536	711	1092	1101	110	8913	935	1218	575	25	936	75	3761	12677
privés.	219	160	39	8	1320	16	1792	301	111	131	6	1162	22	1772	3564
Totaux	1576	1696	783	1100	2421	126	10705	1239	1362	709	31	2098	97	5536	16241

Les établissements d'instruction secondaire publics sont les suivants : à Tunis, le Lycée Carnot, le Collège Sadiki, l'Ecole Secondaire de Jeunes Filles et le Collége Alaoui ; les établissements privés : l'Institution Lavigerie, à Carthage, et l'Institution Sainte-Marie, à Tunis.

Des cours d'adultes, comme en France, ont été organisés dans les différentes localités de la Tunisie par les instituteurs.

Enseignement de l'arabe

La connaissance de l'arabe, surtout de l'arabe parlé est très utile dans ce pays. Un grand nombre de colons étudient l'arabe et suivent les cours publics d'arabe de Tunis qui comprennent des cours d'arabe parlé, des cours préparatoires au brevet élémentaire d'arabe et au diplôme supérieur ; ce dernier enseignement comprend un cours de droit musulman.

Bibliothèques

Une bibliothèque publique existe à Tunis : en outre, des bibliothèques populaires ont été créées à Tunis, Bizerte, La Goulette, Souk-el-Arba, Sousse, Sfax, Le Kef. Elles possèdent de nombreuses et intéressantes collections d'ouvrages de tous genres.

Cultes

Le culte catholique est assuré dans les principaux centres par des curés et aumôniers sous l'autorité de l'archevêque de Carthage.

Le culte protestant est célébré régulièrement à Tunis et à Sfax.

Service de santé

Le service de santé est assuré à Tunis et dans les principaux centres par un grand nombre de médecins et de pharmaciens ; dans les centres moins importants par les médecins militaires. Le nouvel hôpital français de Tunis, construit d'après toutes les règles de l'hygiène moderne, a remplacé l'ancien hôpital Saint-Louis, organisé au lendemain de l'occupation ; les hôpitaux militaires, dans les autres villes, secourent les malades civils.

Des services de vaccination publique existent dans les principaux centres de la Régence. Le Laboratoire de Bactériologie de la Direction de l'Agriculture et du Commerce distribue du vaccin, et du sérum antidiphtérique. A cet établissement est annexé un Institut Antirabique.

Banques

Il existe à Tunis, à Sousse, à Sfax, à Bizerte et à Gabès des succursales d'importantes maisons de banque de France et d'Algérie : Comptoir National d'Escompte, Compagnie Algérienne, Crédit Foncier et Agricole de l'Algérie et de la Tunisie, et d'autres maisons de banque importantes, comme la Banque de Tunisie. Le Gouvernement élabore actuellement un projet de loi destiné à permettre l'organisation du Crédit Foncier et du Crédit Agricole en Tunisie.

Cave d'une grande exploitation

Ferme de colon français

La moisson chez un colon

Les prêts hypothécaires peuvent être faits dans de très bonnes conditions de sécurité, à des taux notablement plus avantageux que dans la Métropole et avec des garanties au moins égales, s'il s'agit de propriétés immatriculées.

Le sol de la Tunisie est couvert d'innombrables ruines qui témoignent de l'importance et de la richesse des anciennes populations; la conservation de ces ruines a été confiée au Service des Antiquités et des Arts qui en fait l'inventaire et recueille les plus dignes d'intérêt, au Musée du Bardo. Antiquités

Les centres importants ont une municipalité, composée de notables européens et indigènes et présidée par un indigène, assisté d'un ou de deux vice-présidents français chargés de l'expédition des affaires. Municipalités

D'autres centres moins importants sont administrés par une commission municipale ou une commission de voirie.

Des brigades de gendarmerie, des agents de police et des gardes champêtres sont installés dans les principaux centres pour assurer l'ordre et réprimer les délits contre les personnes et les propriétés. Police

Les massifs forestiers de la Régence sont surveillés par des gardes forestiers dépendant de la Direction de l'Agriculture et se rattachant au cadre métropolitain.

Enfin des gardes domaniaux, relevant de la même Direction, ont été récemment installés dans les grandes propriétés que l'Etat possède dans le sud de la Régence.

La taxe personnelle et mobilière, l'impôt foncier, l'impôt des portes et fenêtres et celui des patentes n'existent pas en Tunisie pour les Européens. Impôts

Les seules cultures imposées sont :

Le blé et l'orge, soumis à la dîme (achour). Sa quotité est de quatre hectolitres par *méchia* (superficie d'environ 10 hectares) complète de blé ou d'orge. Elle est payée en argent, d'après un taux de conversion fixé chaque année. Les terres cultivées à la charrue française sont exonérées des 9/10mes de cet impôt.

L'olivier soumis, suivant les régions, à la dîme sur la récolte ou au kanoun (impôt fixe par pied). La dîme, dont le taux est des 11/100mes de l'huile produite, plus les frais de garde et de vente payés à l'Administration de la Ghaba, est payable en argent suivant la valeur du rendement fixée à forfait chaque année par un décret : pour la campagne de 1893-93 le montant a été de 1 fr. 94 par quintal d'olives. Le montant du kanoun varie avec les localités; il est dans le Sahel de 0 fr. 28, 0 fr. 21, ou 0 fr. 15 par pied d'arbre, suivant la catégorie, et dans la forêt de Sfax de 0 fr. 30 ou de 0 fr. 22.

Les nouvelles plantations d'oliviers sont exemptées pendant vingt ans du kanoun ou pendant quinze ans de la dîme. En outre, les oliviers sauvages nouvellement greffés ne paient aucun impôt pendant dix ans.

Les cultures maraîchères sont taxées à la surface dans certaines régions et aux environs des principales villes.

La vigne est soumise à une taxe destinée à acquitter les frais de protection du vignoble contre le phylloxera et dont le montant ne peut dépasser 5 francs par hectare.

Il est perçu, en outre, une taxe de cinq centimes par hectolitre de vin déclaré pour l'exportation en France dans les conditions prévues par la loi du 19 juillet 1890.

Les droits de douane à l'importation sont, à quelques exceptions près, ceux du tarif minimum français. La plus grande partie des produits manufacturés d'origine française entrent en franchise. A la sortie, les droits qui frappaient autrefois presque tous les produits ne subsistent plus aujourd'hui que sur un très petit nombre.

Les autres impôts existant en Tunisie sont les suivants :

Taxe sur les loyers et sur la valeur locative de la propriété bâtie urbaine (6 fr. 25 %). Dans les grandes villes, cette taxe a été abandonnée aux municipalités.

Droits intérieurs appelés *mahsoulats*. Ces droits sont assimilables aux droits de consommation connus en France sous la dénomination générale de contributions indirectes et frappent principalement certains produits agricoles au moment de la vente. Le taux de ces droits est généralement fixé à 6 fr. 25 % de la valeur liquidée sur la déclaration des parties. Nous n'en donnerons aucune énumération, car une réglementation nouvelle est à l'étude et la réforme de ces anciennes taxes beylicales sera bientôt un fait accompli.

En outre des droits de douane, (voir page 48), le sucre et les alcools, quelle que soit leur provenance, étrangère ou française, sont soumis à un droit de consommation de 6, 10 ou 25 francs par 100 kilos de sucre, de 50 francs par hectolitre d'alcool.

L'enregistrement des actes, nécessaire pour en conserver la trace et pour leur donner une date certaine, a été organisé par le décret du 20 juillet 1896. Les tarifs appliqués sont extrêmement modérés. Comme en France, l'enregistrement de certains actes est obligatoire, mais le taux est beaucoup moins élevé.

Le prix du papier timbré est de plus de moitié inférieur à celui de France.

Enfin le droit de mutation sur les immeubles n'est que de 4 %. Celui qui frappe les mutations en ligne directe, ou entre époux, soit entre vifs à titre gratuit, soit par décès ne dépasse pas 0 fr.20 par 100 francs.

Loi phylloxérique

Dans le but de protéger le vignoble contre l'invasion du phylloxera, la loi du 29 janvier 1892 prohibe l'importation de tous les objets pouvant servir de véhicule à l'insecte dévastateur et notamment des ceps, sarments, raisins et feuilles de vigne et des plants d'arbres, arbustes et végétaux de toute nature à l'état vivant. Exception est faite pour les fruits autres que ceux de la vigne, et pour les pommes de terre et les topinambours, qui sont admis sous certaines conditions.

La loi prescrit en outre diverses mesures intérieures pour la protection du vignoble.

Un service phylloxérique placé sous la haute direction du Directeur de l'Agriculture et du Commerce, est chargé de l'application de cette législation. Sous son contrôle, un Syndicat obligatoire des viticulteurs de la Régence est plus spécialement chargé de faire visiter préventivement, chaque année, toutes les vignes, et de fournir à l'Administration de l'Agriculture tous les renseignements utiles sur la viticulture.

Grâce à ces sages mesures, la Tunisie est restée jusqu'à présent indemne du phylloxera.

II. — AGRICULTURE

L'exploitation du sol peut être établie en Tunisie sur les mêmes bases qu'en France, dans le Midi de la France en particulier, avec des différences résultant des variations de sol et de climat.

D'une façon générale, le colon doit se livrer à la culture des céréales et à l'élevage du bétail, bêtes à cornes dans le Nord, moutons dans le Centre et le sud ; il adjoindra à son exploitation, suivant que les circonstances le permettront, des cultures industrielles, la vigne, l'olivier, etc.

Dans le Nord, les terrains sont de deux sortes, grès et sables nummulitiques de Kroumirie et des Mogods, couverts de superbes forêts de chênes-liège et de chênes-zéen, marnes et calcaires éocènes du Béjaoua et de Mateur qui constituent les meilleures terres de culture de la Régence, régions aux sources nombreuses d'eau douce qui offrent au colon les meilleures chances de réussite. Il y tombe de 700 à 900 m/m d'eau par an, et les années très pluvieuses y sont les moins bonnes; le fourrage y vient en abondance et permet d'entretenir et d'engraisser facilement un nombreux bétail.

Aussi ces deux régions conviennent-elles le mieux à la petite et surtout à la moyenne colonisation.

Dans la vallée de la Medjerda le sol formé d'alluvions très épaisses convient éminemment à la culture des céréales, mais l'eau y est plus rare et la sécheresse y est parfois à redouter. C'est dans la vallée inférieure de la Medjerda, de préférence sur les coteaux silico-argileux qui la bordent, que sont situés une partie des vignobles de la Tunisie; une autre partie se trouve à la base de la presqu'île du Cap Bon.

La presqu'île du cap Bon et de nombreux contreforts du massif central portent d'importantes plantations d'oliviers, mais l'olivier est surtout cultivé plus au sud, dans le Sahel et autour de Sfax, là où la hauteur d'eau tombée par an ne dépasse pas 300 m/m.

Les montagnes du massif central de la Tunisie sont généralement couvertes de peuplements de pins d'Alep; les vallées d'alluvions qu'elles comprennent sont très favorables aux cultures des céréales et à l'élevage du bétail, en particulier du mouton et du cheval : les chevaux des Ouertan, de la région du Kef et de Maktar, et ceux des Souassi, au N.-O. de Kairouan, présentent une très belle conformation et l'élevage en est fait avec profit. Les sources, dans cette région, sont assez fréquentes, mais souvent saumâtres.

Dans la région des oasis, toutes les cultures doivent être pratiquées à l'aide de l'irrigation, à l'exception de celle de l'olivier; c'est la culture du palmier-dattier qui constitue le principal revenu des oasis. Sous l'abri des dattiers, la production des fruits (oranges, citrons, bananes) et des légumes de primeurs pourra devenir aussi une source de profits; le forage de puits artésiens permettra d'augmenter notablement l'importance de ces cultures.

Principales cultures

Les principales céréales cultivées en Tunisie sont le blé, l'orge et l'avoine.

Un champ de blé

Le battage du blé

Céréales

Les blés, dont le rendement varie de 8 à 12 quintaux, sauf dans les années de sécheresse, sont des blés durs dont une grande partie est expédiée à Marseille pour être transformée en semoule.

Les orges sont très employées dans l'alimentation des animaux, et la Tunisie produit, d'autre part, de fort belles orges de brasserie qui sont transportées en France, en Angleterre et en Belgique.

L'avoine est cultivée avec profit pour la nourriture des chevaux et pour l'exportation. Elle donne de gros rendements et sa paille est très appréciée pour l'alimentation du bétail, la récolte se faisant toujours dans d'excellentes conditions.

Fourrages

Le maïs, le sorgho, le millet, sont cultivés comme cultures d'été : par les Européens, comme fourrages en vert pour l'alimentation du bétail, par les indigènes, pour leurs graines qu'ils consomment en assez grande quantité.

La production de ces fourrages d'été est très avantageuse partout où le colon dispose d'un peu d'eau : le sorgho sucré, le millet à chandelles donnent, avec une irrigation moyenne, des rendements de 80 à 100.000 kilos.

Les fourrages naturels peuvent être utilisés avec profit dans le Nord où le sol se recouvre, en hiver, d'une végétation abondante de plantes spontanées qui permettent d' ngraisser un nombreux bétail et qui peuvent, en cas d'abondance être conservées par l'ensilage pour fournir en été une nourriture fraiche aux animaux.

De nombreux fourrages artificiels peuvent être cultivés, parmi lesquels le fenugrec (holba) cultivé depuis longtemps par les indigènes, surtout pour ses graines; le sulla ou sainfoin d'Espagne, les fèves, les vesces, la luzerne qui donne de nombreuses coupes si elle peut être arrosée en été, une fois par mois le bersim ou trèfle d'Alexandrie, l'orge et l'avoine à couper vert au printemps, la moutarde blanche en culture dérobée d'automne, les racines : betteraves, navets, carottes, patates, topinambours.

Vignes

La vigne réussit très bien dans le nord de la Tunisie où d'importants vignobles ont été constitués depuis l'occupation française.

La plantation de la vigne exige le défrichement complet du sol et un défoncement sérieux au cours duquel il faut avoir soin d'extirper jusqu'aux dernières traces de chiendent : mais malgré les dépenses de la plantation et les frais d'entretien, la vigne peut donner de très sérieux bénéfices quand elle est bien soignée. Elle rapporte de 35 à 40 hectolitres par hectare et donne même davantage dans certaines exploitations.

Le vignoble tunisien est absolument indemne de phylloxera et de black-rot : les traitements contre le mildiou et l'oïdium sont seuls nécessaires.

La qualité des vins tunisiens augmente rapidement d'année en année, au fur et à mesure que se perfectionnent les procédés de vinification et surtout depuis l'emploi de réfrigérants. D'un autre côté la fabrication des vins de liqueur est facile et le vignoble tunisien produit des muscats très renommés ; cette fabrication pourra donner de beaux bénéfices le jour où le Gouvernement français imposera aux vins de liqueurs de Tunisie des droits moins élevés à l'entrée de France.

Le colon qui veut tirer de la culture de la vigne tout le profit qu'il est en droit d'en attendre et ne pas y éprouver des mécomptes, ne doit pas se borner à cette unique culture : outre qu'il faut d'autres cultures pour pouvoir parer aux mauvaises récoltes, la vigne a besoin pour donner une production régulière et abondante, d'être bien travaillée et fumée copieusement, ce qui nécessite l'entretien sur la propriété d'un nombreux bétail pour produire, dans l'exploitation, le fumier que l'on ne peut trouver en dehors.

Le vignoble tunisien occupe aujourd'hui une superficie de plus de 8.000 hectares et sa productiou annuel atteint 200.000 hectolitres de vin.

La plus grande partie des vins produits en Tunisie peut entrer en France en ne payant qu'un droit de 0 fr. 60 par hectolitre, sous le bénéfice de la loi du 19 juillet 1890 ; aussi la presque totalité des vins produits en Tunisie sont-ils écoulés dans des conditions avantageuses sur les marchés de la Métropole, les quantités nécessaires à la consommation locale étant peu considérables.

Olivier

Beaucoup plus ancienne, la culture de l'olivier occupe des surfaces considérables dans le Nord, l'Est, le Sud de la Régence où cet arbre est cultivé depuis une haute antiquité. L'étendue de sa culture, à l'époque de l'occupation romaine, et la possibilité de lui rendre son ancienne prospérité, ont été exposées dans une brochure de M. Bourde, ancien directeur de l'Agriculture en Tunisie, qui est envoyée gratuitement à tous ceux qui en font la demande.

Actuellement, il existe en Tunisie près de 15 millions d'oliviers répartis sur près de 200.000 hectares ; les principaux centres de la culture de l'olivier sont les régions de Bizerte, Tunis, Zaghouan,

Teboursouk, le Cap Bon, le Sahel de Sousse, Sfax, le pays des Matmata, Djerba et Zarzis.

Les olivettes du Nord sont en voie de régénération et des plantations importantes ont été entreprises pendant ces dernières années dans les terres, dites sialines, de la région de Sfax.

Les plantations qui ont été faites sur les terres incultes de cette région, depuis ces cinq dernières années, ont été très nombreuses : 50.000 hectares ont été concédés en cinq ans,et le Gouvernement doit chercher aujourd'hui dans d'autres parties du Centre de la Tunisie des terres à offrir aux Français désireux de planter des oliviers.

A côté de l'olivier, le caroubier, l'amandier, sont aussi cultivés et viennent très bien dans cette même région.

C'est dans ces régions du Centre et du Sud, où les sécheresses sont fréquentes et les récoltes des céréales irrégulières, que la culture de l'olivier est le plus à recommander au point de vue économique : peu exigeant en eau dès qu'il est devenu adulte, l'olivier donne des récoltes régulières dès qu'il est bien cultivé, c'est-à-dire taillé et labouré régulièrement : il arrive à rapporter, en moyenne, depuis 2 francs jusqu'à 4 francs par arbre et par an.

L'huile d'olive est admise en France, en franchise, sous le bénéfice de la loi du 19 juillet 1890.

La production de la Tunisie atteint environ 350.000 hectolitres dans certaines années.

Autres cultures fruitières

Les autres arbres fruitiers sont : le caroubier, dont une amélioration, par le greffage, peut être rapidement obtenue ; le figuier, très cultivé depuis longtemps par les indigènes, peut l'être avec profit par les Européens ; l'amandier vient bien dans le Nord comme dans le Sud et donne de beaux rendements, tant dans la production des amandes princesses que dans celles des amandes amères ; l'oranger, le citronnier, le mandarinier produisent beaucoup ; le pistachier est cultivé dans le Centre ; le grenadier dans le Nord et surtout dans les oasis ; l'abricotier, le prunier, le cerisier, le pommier, le poirier, le pêcher et tous les autres arbres fruitiers des climats tempérés sont cultivés un peu partout et prospèrent surtout dans les régions un peu élevées, à côté du noyer.

Le néflier du Japon, le kaki (Diospyros), le plaqueminier, le goyavier, donnent des fruits appréciés et leur culture se développe : le bananier est surtout cultivé dans l'oasis de Gabès ; sa culture pourra donner de beaux profits.

Les indigènes consomment la figue d'Inde, fruit du cactus ou figuier d'Inde, dont les raquettes sont mangées par le bétail quand elles sont inermes.

Culture maraichère

Près des villes et surtout autour de Tunis les cultures maraichères occupent une grande place. Très rémunératrice, mais pratiquée à l'heure actuelle presque uniquement par des étrangers, cette industrie convient très bien, à condition qu'il en connaisse la technique, à l'émigrant qui ne possède que des ressources restreintes, 4 ou 5.000 francs. En effet, là, pas de maisons ni de communs à construire, l'intéressé peut se loger en ville; pas d'étendue considérable de terrains à acheter, un ou deux hectares irrigables suffisent. Des cultures obtenues devront être de préférence les primeurs et les légumes fins.

La pomme de terre de Hollande, cultivée comme primeur, donne de 4.000 à 6.000 kilogrammes à l'hectare. La variété Early rose donne 12.000 kilogrammes. La patate, peu répandue encore, donne de très bons résultats et produit jusqu'à 20.000 kilogrammes à l'hectare. Grâce au climat très doux des hivers on peut obtenir dès le mois de décembre des pommes de terre nouvelles, des petits pois et des artichauts en plein air; l'oignon, la tomate, le melon, réussissent également bien, ainsi que la plupart des légumes de France.

A l'heure actuelle, l'exportation de ces denrées est gênée par les droits qui les frappent à leur arrivée à Marseille ; en outre, les Compagnies de navigation ne sont pas outillées pour effectuer des transports avec les aménagements et la célérité nécessaires, mais il est probable que ces entraves disparaitront avec la révision toute prochaine du régime douanier franco-tunisien ; en attendant, le marché local offre un débouché très suffisant : les seules charges que l'on ait à supporter à Tunis sont un droit d'octroi de 8 % aux portes de la ville et un droit de criée de 7 %, si le producteur, n'ayant pas de clientèle directe, fait vendre ses produits à l'encan par les collecteurs du marché aux légumes. L'exercice de la profession de maraicher est régi par les décrets et arrêtés des 29 janvier, 11 mars, 27 juin et 12 décembre 1895.

Cultures industrielles

Un certain nombre de textiles sont cultivés sur une petite échelle : le lin, le cotonnier, la ketmie.

Les plantes à essence viennent très bien sous ce climat, et si leur culture se borne jusqu'ici au géranium et au jasmin, il n'est pas douteux que d'autres plantes à parfum ne puissent être cultivées avec profit.

Les indigènes cultivent le pavot à opium dans la région de Bizerte; ils cultivent également le safran et un certain nombre de plantes tinctoriales : la garance, le carthame, le henné; cette dernière culture, assez importante, est susceptible de prendre encore de l'extension.

La culture du tabac n'est autorisée que dans certaines régions du Nord de la Tunisie, et seulement dans les limites des besoins de l'administration des Monopoles : le Gouvernement se préoccupe d'étendre cette culture en autorisant l'exportation du tabac.

Les écorces à tan sont fournies par les chênes de Kroumirie et vendues par les soins du Service des Forêts; on exploite également pour la production du tanin les feuilles et l'écorce du tamaris, les feuilles de lentisque, l'écorce d'arbustes voisins du sumac.

Élevage

Les animaux domestiques de France existent tous en Tunisie : il faut leur ajouter le dromadaire qui rend de grands services pour les transports dans l'intérieur. (1)

Cheval

Le cheval barbe présente de remarquables qualités d'endurance et de sobriété : la Direction de l'Agriculture et du Commerce s'efforce de l'améliorer au moyen de primes à l'élevage et de subventions au service français des remontes qui entretient des étalons de choix au dépôt de Tunis : il existe un Stud-Book de la race barbe et des primes à l'élevage constituent de précieux encouragements. Des Sociétés de Courses ont été créées à Tunis, Sousse, Sfax, le Kef.

L'âne

L'âne est très utilisé et rend de grands services pour les petits transports.

Bœuf

Le Nord et le Centre de la Tunisie élèvent des bœufs de la race de Guelma et une variété spéciale connue sous le nom de variété de Mateur, qui est un croisement de la variété de Guelma avec celle de Pantelleria.

La Direction de l'Agriculture a institué, à la Ferme d'Expérience, des recherches pour l'amélioration des bovidés par la sélection, tant au point de vue de la production du lait que de celle de la viande.

Mouton

Le mouton tunisien à grosse queue, très apprécié des indigènes, n'a pas d'écoulement sur les marchés de la Métropole : aussi, de

(1) Une brochure intitulée « *La Production animale en Tunisie* » par le professeur André Sanson est en distribution à la Direction de l'Agriculture et du Commerce.

nombreuses tentatives ont été faites pour arriver à produire un mouton qui puisse trouver un débouché en Europe.

La Direction de l'Agriculture favorise l'introduction en Tunisie des moutons algériens à queue fine et de mérinos de la Crau qui ont l'un et l'autre donné jusqu'ici des résultats très encourageants, soit purs, soit croisés entre eux.

D'autres essais ont été tentés et sont poursuivis à la Ferme d'Expérience.

Chèvre

De nombreux troupeaux de chèvres sont entretenus par les indigènes de l'intérieur et sont d'une grande utilité pour la production du lait : les chèvres sont des croisements des races d'Europe avec celles d'Asie à longs poils : les indigènes, qui utilisent beaucoup le poil de chèvre, préfèrent les animaux à longs poils.

Dans les villes, on élève la chèvre maltaise qui produit en abondance un lait de bonne qualité.

Dans le Sud, la chèvre de Tozeur ou du Souf se recommande par les mêmes qualités que les chèvres de Malte.

Porc

L'élevage du porc est pratiqué principalement en Khroumirie, dans les régions d'Aïn-Draham et de Tabarka. Le panage des porcs dans les forêts de l'Etat a été réglementé dans le but de favoriser l'élevage des porcs et de sauvegarder les forêts de la Régence.

Voici les principales charges imposées aux permissionnaires :

L'autorisation est donnée par le Directeur des Forêts qui détermine les limites et la contenance des lots et le nombre maximum de porcs à admettre dans chaque lot.

La redevance basée sur la contenance des lots est fixée à 0 fr. 30 par hectare et la possibilité à un porc pour dix hectares. Cette redevance est fixée à 0 fr. 20 par hectare pour le territoire des Mogods (circonscription de Bizerte). Le montant de la redevance est payé d'avance.

Le permissionnaire doit, en tout temps, empêcher les porcs de s'introduire dans les parties interdites au parcours, et il est responsable des délits et contraventions commis en forêts par ses ouvriers ou employés.

Il convient de ne pas oublier que l'élevage du porc ne peut présenter de sérieux avantages qu'à la seule condition que cette production fasse partie d'une exploitation agricole complète : si, en effet, il est très profitable d'envoyer les porcs en forêt pendant toute la période comprise entre l'âge de quatre à cinq mois et celui d'un an environ, on ne peut songer utilement à faire naitre les porcs en forêt pas plus qu'à les engraisser sur les terres de parcours.

Chameau

Le chameau à une bosse (dromadaire des naturalistes) est très répandu en Tunisie où il est employé non seulement aux transports, mais encore à tirer la charrue, à tourner les norias ou à manœuvrer les différents appareils utilisés pour puiser l'eau.

Un chameau vaut d'ordinaire de 120 à 180 francs.

Oiseaux de basse-cour

Les oiseaux de basse-cour offrent les mêmes variétés que ceux de France.

L'élevage de la volaille réussit très bien ici, en particulier celui des canards, des oies et des pintades.

Abeilles

L'élevage des abeilles doit être recommandé tout particulièrement ; dans certaines régions, les indigènes, avec des procédés primitifs, obtiennent du miel d'excellente qualité.

Les broussailles qui couvrent les collines de l'intérieur sont recouvertes d'une abondante végétation de romarins, lavandes, cistes, genêts, etc., qui permettent d'obtenir un miel très parfumé.

Vers à soie

Quelques essais d'éducation de vers à soie ont été tentés sur différents points de la région de Tunis et du Cap Bon ; la soie obtenue est de très bonne qualité, et le mûrier réussissant très bien en Tunisie, il y a lieu de recommander cet élevage qui peut donner d'utiles profits aux petits colons.

Animaux sauvages

Les animaux sauvages sont : la hyène, le chacal, le lynx, le renard, le sanglier, le lièvre, le porc-épic, le raton, la gerboise, la panthère en Kroumirie, et la gazelle et le mouflon dans le Centre et le Sud.

Les oiseaux de chasse sont nombreux ; la perdrix rouge, le pigeon bizet, l'outarde ou poule de Carthage, différentes espèces d'alouettes sont abondantes en toute saison. Dès l'automne arrivent de grands vols de grives, de vanneaux, de pluviers, de bécasses, de bécassines, de plusieurs espèces de canards, d'oies, de grues, etc.

Sur les lacs en toute saison s'ébattent de grands vols de flamants, de macreuses, de mouettes et les rives sont peuplées de bécasseaux, de combattants, de courlis, etc.

Les passereaux de tous ordres abondent ; ce sont les chardonnerets, les verdiers, les bruants, les pinsons et le moineau espagnol, souvent en telles quantités qu'il les faut détruire pour préserver la récolte.

Choix de cultures

Le colon qui arrive en Tunisie, avec l'idée de pratiquer spécialement l'une des cultures qui viennent d'être énumérées, doit bien se pénétrer, sous peine d'échec, des principes suivants que la pratique ou des circonstances particulières pourront modifier, mais qui ne devront jamais être oubliés :

L'exploitation rurale formera un tout dont chaque facteur aura son action distincte, mais concourant vers un but inconnu : le bénéfice à tirer de l'ensemble de l'opération. Certes, tous les efforts doivent tendre à faire solder chaque compte par des bénéfices ; mais il ne faut perdre de vue que l'exploitation forme un bloc dont toutes les parties sont indissolublement liées.

La culture des céréales, l'élève du bétail et la production des fourrages, les cultures industrielles sont liées entre elles et doivent être conduites ensemble, sous peine de perdre une partie des avantages qu'elles peuvent donner. Le point principal vers lequel chacun doit tendre est la culture industrielle qui, dans la plupart des cas, est représentée par la vigne. Cette culture exigeant des fumiers, oblige le cultivateur à élever du bétail dans une proportion déterminée et, par suite encore, à se livrer à la production des céréales, afin d'utiliser ses attelages, de produire la paille nécessaire à la formation de la litière, de donner des chaumes et parcours, etc. ; mais le bétail ne vit pas que de paille et de grain, il lui faut encore du fourrage dont la production s'impose toutes les fois qu'on n'a pas à sa disposition des pâturages naturels assez riches pour fournir l'aliment vert pendant tout le cours de l'année.

Qu'arrivera-t-il si l'on ne s'adonne qu'à une de ces branches de production dont l'ensemble constitue l'exploitation normale de ces régions? Veut-on planter tout son terrain en vignes? Où trouvera-t-on alors le fumier indispensable au maintien du précieux arbuste dans un état de prospérité suffisante pour prolonger longtemps d'abondantes récoltes et lui permettre de résister, par sa vigueur, aux atteintes des maladies parasitaires qui existent actuellement partout à l'état latent, et dont les traitements seuls sont impuissants à détruire les effets, si l'état robuste de la plante ne lui permet de se défendre? En France, le vigneron trouve à acquérir les fumiers des grandes villes, ou à suppléer à leur insuffisance par l'emploi de produits divers. Ici, le cultivateur est obligé de ne compter que sur les moyens que lui fournit sa propre exploitation. Il devra donc nécessairement ne faire entrer la vigne que dans une proportion déterminée de l'ensemble de son exploitation.

On n'imaginerait pas davantage une exploitation qui reposerait exclusivement sur la production du bétail et qui ne tirerait aucun parti d'un des revenus de cette production : le fumier. Quand bien même le bétail devrait être dans telle condition déterminée la branche principale de production, il faut nécessairement songer à tirer parti de tous les avantages que procure cette exploitation en utilisant le fumier, que nulle autre production ne peut payer plus cher que la culture industrielle, quelle qu'elle soit.

Supposons, enfin, que la culture des céréales donne, dans tel cas déterminé, les plus beaux avantages. Là encore cette production ne pourra rester séparée de l'ensemble des autres productions, car l'engrais est aussi bien nécessaire à cette culture, et le meilleur parti que l'on puisse tirer des pailles est de les livrer au bétail, qui en consomme une partie et transforme le reste en fumier.

Assistance prêtée aux colons

Le Gouvernement du Protectorat, comprenant toute l'importance qu'il convient d'accorder, dans un pays aussi neuf qu'est la Tunisie, aux expériences de toute sorte, aux observations rigoureusement suivies qui permettront de fournir aux colons des indications précises sur les détails des opérations culturales et l'ensemble de la conduite de l'exploitation rurale, a créé, près Tunis, un Jardin d'Essai et une Ferme d'Expériences.

En même temps que la propagation des plantes et arbustes distribués aux colons était activement poussée, une série de cultures expérimentales ont été faites en vue de déterminer les meilleures méthodes de cultures horticoles.

La propagation des essences de reboisement et des arbres fruitiers a été activement suivie, si bien que plus de 100.000 arbres ou arbustes sont mis annuellement à la disposition des colons.

Un catalogue est en distribution. Il contient les noms de toutes les plantes cultivées au Jardin d'Essai, qui sont livrées aux colons à des prix des plus minimes.

A. — Arbres fruitiers. — 1° *De un an, non greffés* (amandiers, figuiers, cognassiers, grenadiers, orangers amers, oliviers (boutures-éclats)..................Fr. » 05

2° *De deux ans, greffés depuis un an* (poiriers, pommiers, amandiers, pêchers, abricotiers, pruniers, cerisiers, orangers, oliviers, caroubiers, pistachiers)....... » 25

B. — Arbres forestiers et d'ornement. — 1° *En pots, semis de l'année* (eucalyptus, etc.)...........Fr. » 05

2° *En caisses ou grands pots*, plantes de plusieurs années (grands palmiers, thuyas, ficus, troënes).....Fr. 1 à 5 »

3° *A racine nue, semis de l'année* (frênes, mûriers, robiniers, gleditschia, etc.)........................ » 05

4° *En motte, deux à quatre ans*, élevés en pépinières...de 1 à 5 »

C. — Greffons. — *Rameaux effeuillés* qui, dans le cas des greffes en fente ou des greffes en écusson, peuvent fournir toujours plusieurs greffons ; le rameau, pris au jardin.....................................Fr. » 01

Les colons désireux de faire des essais de culture de plantes ou d'espèces nouvelles, trouvent à la Direction de l'Agriculture des échantillons de semences. Des graines de sulla, de betteraves et autres ont été, à diverses reprises, distribuées gratuitement aux colons.

Afin d'étendre le champ de ses recherches, la Direction de l'Agriculture a procédé à l'installation d'une station agronomique, où sont étudiées les diverses variétés de céréales et les plantes fourragères, tant au point de vue du rendement qu'elles peuvent fournir qu'à celui de l'influence que peuvent exercer sur cette production les engrais et les diverses méthodes culturales. Cette station agronomique, avec ses champs d'expériences et de démonstrations, sert de trait d'union entre la théorie et la pratique.

Un Bulletin, où sont consignés tous les résultats de ces recherches, a été créé et parait d'une façon régulière.

En même temps, une Ferme a été construite en vue d'étudier le rendement de diverses races, leur aptitude aux diverses fonctions qui leur sont dévolues et le rôle qu'elles peuvent jouer en agriculture.

Cette organisation, à laquelle il faut ajouter le Laboratoire de Recherches, constitue un ensemble qui permet de fournir des données précises sur les conditions dans lesquelles doit être faite l'exploitation rurale, et guide les colons nouveaux dans le choix de la méthode à suivre.

L'Inspection de l'Agriculture s'occupe de la reconnaissance agricole des terres, reconnait les propriétés domaniales destinées à la colonisation, et, d'une façon générale, se met à la disposition des colons pour les guider dans leurs exploitations.

Un service vétérinaire et de l'élevage existe à la Direction de l'Agriculture et du Commerce.

Une Ecole d'Agriculture coloniale a été créée près de Tunis. Son but est de diriger ses élèves vers la colonisation directe, de leur fournir les connaissances théoriques et pratiques nécessaires pour leur permettre de se livrer, pour leur propre compte, à leur sortie de l'Ecole, à l'exploitation du sol dans nos colonies en général et plus spécialement dans l'Afrique du Nord. Dès la première année, plus de cent candidats ont pris part au concours d'admission. En outre des élèves réguliers, cette Ecole admet des candidats libres. Les candidats doivent être âgés de 17 ans révolus. Enseignement agricole

La Direction de l'Agriculture a installé chez quelques colons de jeunes émigrants qui se destinent à créer eux-mêmes des exploitations agricoles en Tunisie. Ces jeunes gens accomplissent là un stage qui leur permet de se mettre au courant des cultures pratiquées dans ce pays. Ils apprennent l'arabe sous la direction d'un professeur et des conférences agricoles les préparent au point de vue technique.

III. — FORÊTS

Les forêts de la Régence couvrent une superficie d'environ 500.000 hectares ; elles peuvent se diviser en deux groupes séparés par la vallée de la Medjerda.

Groupe du Nord, comprenant les massifs de la Khroumirie (Mrassen, Aïn-Draham, Fernana, Tabarka, Meknai), des Nefza, des Mogods et de Porto-Farina.

Le peuplement des massifs de ce groupe se compose principalement de chênes-liège et de chênes-zéen formant, sur certains points, de magnifiques futaies : sur les pentes, on trouve des broussailles d'oliviers sauvages et, disséminés dans les vallées, l'orme, le saule, le peuplier blanc, le peuplier noir, le frêne, le houx, le laurier, le tamarix, la vigne sauvage, l'azerolier ; le sous-bois est constitué par le myrte, le lenstique, le ciste, la bruyère, le philaria, le genêt, le romarin.

Le groupe forestier du Sud de la Medjerda, dévasté par des exploitations désordonnées et l'abus des pâturages, comprend surtout des peuplements de chênes verts et de pins d'Alep, parmi lesquels on rencontre l'olivier sauvage, le caroubier, le thuya, l'érable de Montpellier, l'arbousier, le genévrier oxycèdre.

Les principaux massifs sont ceux de la Kessra, les montagnes des Zlass, de Haïdra, de Maktar, de Fériana avec des genévriers de Phénicie et la forêt de gommiers du Bled Thala.

L'exploitation des forêts de la Régence porte surtout sur les chênes-liège et les chênes-zéen des forêts de Khroumirie pour les lièges, les écorces à tan, le bois destiné aux traverses de chemins de fer.

Pendant les treize dernières années, la production moyenne annuelle des forêts a été de :

9.000 mètres cubes de bois d'œuvre (chêne-zéen);

35.000 quintaux d'écorce à tan (chêne-liége),

Depuis 1892 il est récolté par an en moyenne :

7.000 quintaux de liège de reproduction. Les recettes annuelles dépassent actuellement 600.000f et iront constamment en augmentant, par suite de la mise en valeur progressive des massifs forestiers.

Le service des Forêts procède chaque année à trois adjudications de produits forestiers : au printemps (avril), il adjuge les coupes d'écorces à tan (gros chênes-liège impropres à la production) ; en été (fin août), il vend au quintal métrique les lièges de reproduction récoltés par ses soins et empilés sur des places de dépôt (Aïn-Draham, Babouch, Tabarka, Ghardimaou) ; en automne (octobre ou novembre), il met en adjudication les coupes de bois d'œuvre (chêne-zéen) pour la fabrication des traverses de chemins de fer. Les bénéfices importants que procurent ces ventes mériteraient de fixer l'attention des industriels français.

IV. — RÉGIME DE LA PROPRIÉTÉ

Dans le Nord de la Tunisie, sur la côte Est, autour des villes et dans les oasis, la propriété privative est constituée depuis longtemps sur des bases suffisantes ; dans le Sahel, par exemple, elle est morcelée et délimitée, comme aux environs des villes françaises.

Dans l'intérieur du pays, moins peuplé et où les forêts, les montagnes, les terres vaines, appartenant généralement à l'Etat, occupent des surfaces importantes, il convient de distinguer suivant que le territoire est occupé par des indigènes sédentaires ou par des arabes nomades. Dans le premier cas, la propriété indigène se présente surtout sous la forme de vastes domaines (enchirs) cultivés en céréales ou servant au pâturage, ces enchirs qui ne contiennent généralement ni constructions ni plantations, appartenant soit à leurs cultivateurs, soit assez souvent à des habitants des villes ou à des administrations publiques qui les font exploiter par des locataires ou des métayers (khammés) ; c'est dans ces terres que pénètre de plus en plus la colonisation française.

Dans le territoire des nomades, la propriété telle que la conçoit l'Europe est l'exception ; ces terres reculées intéressent d'ailleurs moins directement l'immigrant.

Même sur les points où la propriété est le mieux établie par les titres arabes, l'indication trop sommaire des limites énoncées dans ces titres, l'absence de cadastre et de plans, les défectuosités du régime hypothécaire musulman rendent les transactions difficiles et hasardeuses pour les personnes étrangères aux coutumes et à la langue du pays. C'est afin d'améliorer cette situation et d'asseoir la propriété sur des bases absolument sûres que la loi du 1er juillet 1885, modifiée le 17 mars 1892, a établi l'immatriculation.

L'immatriculation est facultative. Elle consiste dans l'inscription de la propriété et des droits réels qui l'affectent sur les registres publics de la Conservation foncière, à la suite d'une procédure spéciale terminée par une décision de justice. Elle a pour effet de purger l'immeuble de tous droits antérieurs non déclarés, et le titre foncier établi forme pour l'avenir l'unique base de la propriété. Une copie officielle du titre accompagnée d'un plan régulier est délivrée au propriétaire et toutes les conventions postérieures doivent, pour être valables à l'égard des tiers, être inscrites sur le titre et sur la copie. Immatriculation

La marche à suivre pour obtenir l'immatriculation est très simple :

Le demandeur doit déposer à la Conservation de la Propriété foncière une réquisition d'immatriculation établie sur formule spéciale délivrée gratuitement par le Conservateur ou par les greffiers des justices de paix : il doit déposer en même temps les titres de propriété en français et en arabe et consigner le montant des frais d'immatriculation à la caisse du Conservateur. (1)

---

(1) Les frais d'immatriculation comprennent :

Les frais de *traduction de titres* à raison de trois francs par rôle de la traduction française, les frais de *fourniture de bornes* et la somme indiquée par le barême ci-dessous pour la contenance bornée :

De 0 à 100 hectares : 1 franc par hectare ;

De 100 à 500 hectares : 100 francs et 0 fr. 75 par hectare en plus des cent premiers ;

De 500 à 1.000 hectares : 400 francs et 0 fr. 50 par hectare en plus des cinq cents premiers ;

A partir de 1.000 hectares : 650 francs et 0 fr. 25 par hectare en plus des mille premiers ;

En plus, trois pour mille de la valeur vénale de l'immeuble ;

Le minimum de la perception est de 30 francs.

La réquisition est publiée au *Journal Officiel* arabe et français : dans les quarante-cinq jours qui suivent l'insertion, le Service Topographique exécute le bornage provisoire de l'immeuble, après avoir porté la date du bornage à la connaissance du public au moins vingt jours à l'avance.

Le bornage mentionne les limites indiquées par le requérant, en même temps que les limites des revendications.

La date de la clôture des opérations est publiée au *Journal Officiel*.

Un délai de deux mois, à partir de cette publication, est accordé aux tiers pour produire des oppositions ou des revendications; celles-ci sont reçues par les caïds, les greffes de justice de paix et par le Conservateur de la Propriété foncière; passé ce délai, les oppositions sont forcloses et tout recours sur l'immeuble enlevé aux intéressés.

Pendant que court le délai d'opposition, le Service Topographique procède à l'exécution du plan périmétrique de l'immeuble avec les revendications.

Le plan doit être remis à la Conservation foncière dans un délai de trois mois, à dater de la publication de la clôture du bornage.

Le dossier de l'immatriculation comprenant la réquisition et ses annexes, le procès-verbal de bornage, les oppositions et le plan, rassemblés par les soins du Conservateur, est transmis au Tribunal Mixte qui doit trancher les contestations.

Un juge rapporteur, désigné immédiatement par le Président prend connaissance du dossier et invite les opposants à lui faire parvenir, dans un délai de quinze jours, augmenté des délais de distance, une requête introductive d'instance, contenant tous les moyens invoqués par le réclamant et accompagnée de pièces à l'appui. Si la requête n'est pas produite dans le délai prescrit, la réclamation est déchue.

Le requérant de l'immatriculation est ensuite invité à prendre connaissance, au Greffe du Tribunal Mixte, du dossier des réclamations; il y répond par écrit dans un délai fixé par le juge-commissaire.

Le juge-commissaire fait son rapport à la Chambre compétente du Tribunal Mixte, et celui-ci juge sans appel. La loi lui donne le pouvoir de trancher toutes les contestations en admettant ou rejetant l'immatriculation des immeubles ou de leurs parties contestées.

Le jugement d'immatriculation ordonne l'inscription des droits réels dont il a reconnu l'existence, et s'il y a lieu la rectification du bornage et du plan, qui est effectuée par le Service Topographique.

La décision du Tribunal est communiquée au Conservateur qui procède à l'immatriculation en rédigeant le titre et en l'inscrivant sur le livre foncier : le propriétaire reçoit une copie du titre à laquelle est annexée une réduction du plan.

Un mode d'acquisition du terrain assez répandu est le contrat d'enzel. Dans la législation musulmane, l'enzel est plutôt une location à durée indéfinie ; sous l'empire de la nouvelle loi foncière, l'enzeliste devient réellement propriétaire du fonds moyennant le paiement non pas d'un prix versé une fois pour toutes, mais d'une rente annuelle fixe et perpétuelle. L'avantage principal qu'offre ce contrat à l'acheteur est de ne pas immobiliser immédiatement dans l'achat du fonds la majeure partie de ses capitaux et de lui permettre d'employer, dès le début, toutes ses ressources disponibles en améliorations utiles sur le domaine. Mais, il importe absolument, pour la réussite de l'acheteur, que la rente d'enzel qu'il s'engage à payer soit en rapport avec la valeur de la propriété et ne dépasse pas l'intérêt de la somme qui aurait été consacrée à l'acquisition au comptant. L'enzel est surtout usité pour l'achat et la mise en valeur des biens habous. Enzel

Les habous sont des biens meubles ou immeubles dont les revenus sont destinés à l'entretien de fondations pieuses ou charitables (habous publics). Les biens habous constitués en faveur de la postérité des fondateurs forment la catégorie des habous dits *privés*, lesquels ne deviennent publics qu'après l'extinction de tous les dévolutaires désignés dans l'acte de fondation. Habous

Presque tout peut être institué habous, mais en général ce sont les biens immeubles qui font l'objet d'un habous et au point de vue de la colonisation nous n'envisagerons que ceux-ci.

Les habous publics sont actuellement gérés par un Conseil d'Administration « la Djemaïa des habous » et par les Administrateurs des fondations auxquelles leurs revenus sont affectés.

La gestion des habous privés est confiée à des mandataires (mokkadems) élus par les ayants droit.

Ces biens (1) autrefois inaliénables peuvent aujourd'hui être pris *à enzel*, c'est-à-dire acquis au moyen d'une rente perpétuelle, fixe

---

(1) La liste et les plans des propriétés habous peuvent être consultés par le public à l'Administration des habous, rue de l'Eglise, 56, à Tunis.

et annuelle, ou bien *échangés* soit en nature, soit contre une somme d'argent (ce qui correspond à une vente), ou bien *loués* pour une période de 10 années. Dans ce dernier cas les locataires qui auront amélioré la propriété pourront, sous certaines conditions déterminées, obtenir soit la prorogation de leur bail pour deux autres périodes consécutives de dix années, soit la transformation de leur location en enzel. (Voir décrets du 22 juin 1888 et du 31 janvier 1898).

Prise à enzel

L'enzel des immeubles habous ne peut être constitué que par voie d'enchères publiques.

La demande de constitution d'enzel doit être adressée au Président de la Djemaïa, (rue de l'Eglise, à Tunis), et accompagnée de certains renseignements tels que : désignation de l'immeuble — un croquis visuel — nom et désignation de l'auteur de la demande, montant de la mise à prix... etc. Un magistrat du Châra statue dans un délai d'un mois sur la recevabilité de la demande, qui, une fois acceptée, est publiée au *Journal Officiel Tunisien*. Les enchères ont lieu le cinquième jeudi qui suit la première annonce.

Échange

Toute personne qui désire acquérir par voie d'échange un bien habous public ou privé doit en faire la demande par écrit et sur timbre au Président de la Djemaïa. Cette demande doit contenir certains renseignements, tels que nom et domicile du demandeur, désignation de l'immeuble, etc.

L'acceptation de la demande est facultative pour les habous et il n'y a pas de recours contre son refus.

Une fois l'acceptation prononcée par la Djemaïa (et par les ayants droit, s'il s'agit d'un habous privé) il est procédé à des formalités différentes, suivant qu'il s'agit d'un échange en nature ou en argent.

Echange en nature. — Cet échange se traite de gré à gré. Le demandeur doit donner en outre des indications mentionnées plus haut, la désignation de l'immeuble offert en échange et déposer une somme représentant les frais d'expertise, de passation d'acte, de timbre et d'enregistrement. Des experts font l'expertise des deux propriétés, celle demandée et celle offerte en échange.

L'affaire est ensuite soumise à S. A. le Bey qui accepte ou refuse. Il n'y a pas recours en cas de refus. L'immeuble donné en échange d'un habous devient habous, le habous échangé devient melk (c'est-à-dire possédé en toute propriété).

Echange en argent. — Cet échange se fait par voies d'enchères publiques sur une mise à prix fixée par la Djemaïa. Si l'échange est accepté, le demandeur est tenu de verser à titre de cautionnement une somme d'argent égale au dixième de la mise à prix, augmentée des frais approximatifs d'enregistrement, de timbre et de publicité d'échange et la demande agréée est transmise à un magistrat du Châra qui a sept jours pour examiner la régularité des pièces.

On procède ensuite aux enchères. L'argent donné en échange du habous, est employé à racheter un autre bien, qui deviendra habous. Le habous échangé devient melk (c'est-à-dire libre ou possédé en toute propriété).

Formalités d'adjudication. — Le notaire de la Djemaïa chargé de suivre les formalités des adjudications d'échange de biens habous les inscrit sur un registre ainsi que divers autres renseignements, parmi lesquels le montant des sommes à déposer pour pouvoir prendre part aux enchères.

La publication est faite au *Journal Officiel Tunisien* — par trois fois — de manière que l'adjudication ait lieu 7 à 8 semaines après la notification à la Djemaïa de la recevabilité de la demande.

L'adjudication est faite au moyen du système des bougies.

La Djemaïa des habous est autorisée à donner en location, par voie d'enchères publiques et pour des périodes ne dépassant pas 10 ans, des terres de ses domaines dont la liste doit être dressée au moins une fois par an. Cette liste est publiée au *Journal Officiel Tunisien*, et les adjudications doivent avoir lieu du 1er au 30 juin et du 1er août au 30 septembre. On peut demander la mise en location d'une parcelle habous non comprise dans la liste, au moins deux mois avant la période des adjudications.

Le locataire est tenu de jouir de la propriété en bon père de famille; quant aux plantations utiles, aux bâtiments et aux installations de toute nature établis ou effectués à demeure par le locataire sur l'immeuble, le prix normal en sera remboursé à dire d'experts à l'expiration du bail par l'Administration des habous, sans que la somme à rembourser puisse, en aucun cas, dépasser le montant des cinq années de location, sauf pour les habous privés pour lesquels aucun remboursement n'aura lieu.

L'adjudicataire peut céder son bail avec le consentement de la Djemaïa.

Au cours de la neuvième année le preneur qui aura amélioré sa propriété peut obtenir la prorogation du bail pour une nouvelle période de dix ans moyennant une majoration de un cinquième sur le loyer primitif. La même faculté lui appartiendra au cours de la 19e année pour une nouvelle période de dix ans, en majorant d'un cinquième le loyer de la seconde période.

Enfin, sauf dans le cours de la dernière année de location, le locataire à long terme est garanti contre toute demande de mise aux enchères qui serait formée par des tiers. De plus, le cahier des charges de cette location peut contenir, de convention expresse, une clause autorisant après 9 ans la transformation de la location en enzel.

Cette rente d'enzel est alors fixée à dire d'experts : l'enzel est dans ce cas seulement constitué de gré à gré.

En résumé : prise à enzel, échange en nature, échange en argent, locations à long termes avec transformation possible en enzel ; telles sont les quatre manières de se procurer des biens habous.

V. — INDUSTRIE ET COMMERCE

Industries

Industries indigènes

Les indigènes fabriquent des tissus de soie, de laine et de coton.

Les tapis de Kairouan et les couvertures fabriqués dans les tribus, les burnous, et les haïks tissés dans l'île de Djerba, sont renommés.

Les Tunisiens brodent en or, en argent et en soie avec un art merveilleux.

La sellerie, la cordonnerie se font à Tunis et à Kairouan.

Les teintureries sont nombreuses dans ces villes.

Sousse et Monastir sont connues par leurs savonneries ; Nabeul et Djerba par leurs poteries.

Tunis distille des essences de rose et de jasmin.

Il existe en Tunisie un grand nombre de fabriques d'huile indigène où les olives sont traitées par des procédés primitifs.

L'alfa, dont la cueillette est la ressource de nombreux indigènes dans les années de mauvaise récolte, sert à fabriquer des cordes, des paniers et d'autres objets ; il est aussi exporté en Europe pour la fabrication de la pâte à papier.

Industries européennes

L'industrie européenne et principalement l'industrie française a déjà pris un développement notable en Tunisie.

De nombreuses huileries, montées d'après les procédés les plus perfectionnés, ont été créées, ces dernières années, à Sousse, dans le Sahel, à Sfax et à Tunis; elles traitent les grignons dont les indigènes ne savent pas tirer parti.

Les industries qui se rapportent au bâtiment, telles que celles de la chaux et du ciment, des briques et des tuiles réussissent en Tunisie.

Il ne faut pas négliger de mentionner non plus la tonnellerie, la distillerie, la fabrication de la glace et la tannerie.

La Tunisie possède un grand nombre de mines de plomb, de fer, de cuivre, de zinc et d'argent. Mines et carrières

Huit seulement sont exploitées : celle de Khanguet-Kef-Tout, celle de Sidi-Ahmed, près Béjà ; celles de Fedj-el-Adoum, près de Teboursouk de Sidi Youcef et de Bou Jaber, près du Kef, et celle de Zaghouan, au Sud de Tunis, et celle du Djebel-Reçass (plomb argentifère) : toutes, sauf la dernière, ont pour objet l'exploitation du zinc.

Les demandes de permis de recherches et de concession doivent être adressées au Directeur général des Travaux publics à Tunis.

Les contrats de concession sont analogues au type français et n'en diffèrent guère que par les articles relatifs à l'occupation temporaire des terrains.

La redevance superficiaire est de 0 fr. 10 par hectare et la redevance proportionnelle de 5 % sur le produit net.

On trouve également des carrières de phosphate de chaux, de guano, de plâtre, et de très beaux marbres, parmi lesquels on cite ceux de Schemtou.

Les importants gisements de phosphates de chaux des environs de Gafsa ont été concédés à une compagnie française qui en a commencé l'exploitation.

Les sources thermales, dont quelques unes étaient connues des Romains, sont celles de Hammam-Lif, de Korbous, de Hammam-Zeriba, de Hammam-Sguedidi, de Gafsa, d'El-Hamma de Gabès, d'El-Hamma du Djerid, de Nefta, de Sbeitla, de Djebel-Iskeul, près Mateur, de Bou-Chateur, de Béjà. Seul Hammam-Lif possède des aménagements utilisables pour le public européen.

Le sel abonde en Tunisie et donne lieu à un commerce considérable.

Plusieurs salines sont en exploitation.

La côte tunisienne, dont le développement n'est pas inférieur à Pêcheries

1.390 kilomètres, contient dans ses bas-fonds des richesses considérables. Les poissons de toutes sortes y abondent.

Entre le cap Roux et le cap Négro, on trouve en abondance le congre, la murène, le denté, le merlan, le rouget de roche, le sar, etc. Le homard et la langouste y vivent aussi en grande quantité.

De mars en août la côte de Tabarka est exploitée par un nombre considérable de barques italiennes qui pêchent de grandes quantités d'anchois et de sardines, dont la valeur, certaines années, dépasse un million.

Le golfe de Bizerte, ainsi que son lac, donnent du poisson abondant et excellent, principalement le mulet et la daurade.

Près du cap de Porto-Farina, les mêmes variétés de poissons se rencontrent.

Le golfe de Tunis et son lac sont également poissonneux.

Le golfe de Gabès, où le poisson est aussi abondant, est à peine exploité ; la mer des Bibans, voisine de la Tripolitaine, est très poissonneuse.

A Kuriat, à Monastir, au Cap Bon et près de Bizerte, il existe des pêcheries de thons.

Les lacs de Bizerte, de Porto-Farina, de Tunis et des Bibans, qui sont extrêmement poissonneux, sont exploités par des Sociétés françaises, amodiataires des pêcheries.

La pêche des éponges, comme celle des poulpes, est faite sur toute la côte qui s'étend du Ras-Kadidja jusqu'à la frontière tripolitaine.

Elle occupe plusieurs milliers de marins dont beaucoup sont de nationalité grecque. Les principaux centres du commerce des éponges sont Sfax, Djerba et Zarzis. (1)

Commerce

Au début de l'occupation française, le commerce total de la Régence (importation et exportation réunies) ne dépassait pas 23 millions de francs en moyenne ; de 1881 à 1889, la moyenne s'est élevée à 54 millions et demi et en 1898 il a dépassé le chiffre de 97 millions.

Les exportations de la Tunisie, à destination de France se sont accrues d'une façon extraordinaire à la suite de la loi douanière de 1890.

---

(1) Une brochure spéciale sur les richesses maritimes de la Régence, intitulée « La Tunisie à l'Exposition Internationale de pêche de Bergen » est en distribution à la Direction de l'Agriculture et du Commerce.

Sous l'influence de cette loi bienfaisante, la part de la France dans les exportations tunisiennes a passé de 13 % en 1885-1886 à 63 % en 1895.

Les marchandises qui tiennent la tête dans les exportations tunisiennes sont : les céréales pour 20 millions environ et 1.250.000 q. m. dans les meilleures années ; les huiles d'olive pour 8 millions de francs et 10 millions de litres ; les vins pour 2 millions et demi en 1895 ; le bétail pour 3 à 6 millions de francs ; les éponges pour 1 million à 1.500.000 francs ; les peaux pour 800.000 à 1 million de francs ; le minerai de zinc pour 1 million ; l'alfa pour 1 million à 2 millions 500.000 francs ; les ouvrages de sparterie pour 250.000 francs ; les dattes pour 100.000 francs. Sauf l'alfa et le minerai de zinc, la presque totalité de ces produits est expédiée en France.

A l'importation, la Tunisie reçoit, surtout de France : des farines et semoules pour 5 millions de francs ; des peaux préparées et des ouvrages en cuir pour 1 million à 1 million 500.000 francs ; des denrées coloniales pour 3 à 4 millions de francs ; des soies pour 100.000 francs ; des tissus de laine pour 600.000 francs ; des machines de tout genre pour 1 million 500.000 francs ; des ouvrages de toute nature en fonte et en fer pour 900.000 francs ; des matériaux de construction pour 1 million.

En résumé, le commerce, principalement avec la France, suit en Tunisie une marche ascendante qui constitue l'une des preuves les plus évidentes du succès de la colonisation française.

Douanes

Depuis le 2 mai 1898, les droits de douane sont, pour un grand nombre d'articles ceux du tarif minimum français d'importation. L'ancien droit de 8 % *ad valorem* a été conservé pour un certain nombre de produits : viandes et conserves de viandes, charcuterie, œufs, lait, fromage, miel, graisses, poissons, légumes secs, fruits, graines, essences, résines, goudrons, plantes médicinales, bois, bières, vinaigres, matériaux, pétrole, teintures et couleurs, savons, bougies, papier et papeterie, articles de cuir, un grand nombre d'ouvrages en bois et de vannerie, la bimbeloterie, etc, etc.

Comme dans l'ancien tarif, la bijouterie et les matières d'or et d'argent paient de 1/4 à 3 %.

En outre, les instruments et machines agricoles sont admis en franchise ainsi que le gibier mort, les volailles mortes ; les céréales (blé, orge, maïs), les livres, brochures et journaux ; les douilles et bourres ; l'or et l'argent en lingots, les pierres meulières, les appareils de sondage et de forage des puits artésiens; les produits chimiques et organiques destinés à l'amendement des terres et au traitement des maladies de la vigne, et, en général presque tous les produits admis en franchise dans le tarif minimum français.

Le tarif d'importation du 2 mai 1898 est applicable à toutes les provenances sans distinction. Cependant, un grand nombre d'articles français sont, par exception, admis en franchise; animaux vivants, laines, soies, sucres, huiles d'olives, vins, eaux de vie, alcools et liqueurs, fer, cuivre, plomb, étain, zinc, les fils, les tissus, les vêtements, les machines et mécaniques, la carrosserie.

A la sortie de Tunisie, les seuls produits ci-dessous sont frappés de droits : éponges, huiles d'olives et de grignons, laine en suint et déchets de laine, olives fraiches, peaux brutes, poissons frais, poulpes, alfa et diss, grignons, chiffons. (Consulter le Tarif d'exportation du 2 mai 1898)(1).

Exportation en France

Grâce à la loi douanière du 19 juillet 1890 les colons tunisiens peuvent envoyer en franchise dans la Métropole leurs principaux produits : les céréales en grains, les huiles d'olives et de grignons ; les grignons d'olives; les animaux des espèces chevaline, asine, mulassière, bovine, ovine, caprine et porcine; les volailles mortes ou vivantes, le gibier mort ou vivant. Ils peuvent expédier leurs vins de raisins frais moyennant le modique droit de 0 fr. 60 par hectolitre, si le titre du vin ne dépasse pas 11°9; si le titre dépasse 11°9 les vins paient une taxe supplémentaire de 0 fr. 70 par degré.

L'admission des autres produits non compris dans l'énumération ci-dessus est accordée moyennant le payement des droits les plus réduits perçus sur les produits similaires étrangers, c'est-à-dire ceux qui sont inscrits au tarif minimum.

Tarifs de transport

Les tarifs actuellement en vigueur dans la *Compagnie Générale Transatlantique* et dans la *Compagnie Touache,* de bord Tunis à quai Marseille, Cette, Saint-Louis pour la *Compagnie Transatlantique,* et de bord Tunis à quai Marseille et Cette pour la *Compagnie Touache,* sont les suivants :

---

(1) Le tarif général des douanes tunisiennes est établi par le décret du 2 mai 1898. Il a été publié en une brochure qui se trouve à l'*Imprimerie Rapide,* rue de Constantine, à Tunis.

PRODUITS	PRIX DE FRET PAR TONNE
Vins — 1/2 muid	Fr. 7 »
Vins — bordelaise	3 »
Vins — sixain	2 »
Céréales	7 »
Alfa	10 »
Laines, os et cornes	15 »
Peaux d'animaux domestiques	20 »
Savons	10 »
Minerais en sacs	8 »
Huile d'olive et de grignons	15 »
Grignons d'olives	10 »
Henné	20 »
Eponges lavées et non lavées	50 »
Volaille	40 »
Gibier mort	100 »
Amandes fraiches	20 »
Oranges et citrons	15 »
Poissons frais, boutargues et thons	40 »
Poissons salés ou à l'huile	20 »
Fruits secs	15 »
Figues et raisins frais	45 »
Dattes diverses	20 »
Chevaux, par groupe de 10, l'un	25 »
Cheval isolé	40 »
Bœufs, par tête	14 50
Anes	10 »
Moutons	2 40
Chèvres	10 »
Porcs	8 »
Chameaux	50 »

Ces marchandises acquittent, en sus, un droit de débarquement et de tonnage de 2 fr. 50.

La *Compagnie Générale Transatlantique* ne transporte ni les porcs ni les moutons.

Avantages accordés au transport de divers produits tunisiens en France

Pour l'exportation des vins en France, la Colonie Tunisienne a été favorisée par la Compagnie P.-L.-M. du *tarif d'exportation commun N° 200*.

Vins

Les vins en fûts, par expédition de dix tonnes au minimun, sont transportés de Tunis à quai Bercy à raison de 35 fr. la tonne. Les gares intermédiaires des deux réseaux de la Bourgogne et du Bourbonnais bénéficient de ce tarif. La Compagnie Bône-Guelma fait partie des combinaisons de ce tarif.

Pour donner satisfaction à certains colons qui désirent faire leurs opérations de commerce plus particulièrement avec la clientèle bourgeoise, la Compagnie Paris-Lyon-Méditerranée a annexé à son tarif 206 un nouveau tarif concernant le transport des vins en bordelaises et en sixains. La bordelaise doit contenir au maximum 230 litres et le sixain 115. Ces transports sont faits à raison de 14 francs pour les bordelaises et de 9 francs pour les sixains, du port de Tunis à destination de toute gare du réseau Paris-Lyon-Méditerranée.

Les Compagnies Transatlantique et Touache et, en général, toutes les Compagnies de navigation battant pavillon français, font partie des combinaisons de ces tarifs.

En ce qui concerne les expéditions de vin destinées à des centres ou à des villes peu éloignées du port de Marseille, il y a toujours intérêt pour l'expéditeur à revendiquer, au départ de Marseille-Joliette, les prix et conditions du tarif spécial P. V. n° 6 P.-L.-M. dont voici quelques prix par expédition de 5.000 kilos.

Sur Avignon..............Fr.	8 25	la tonne
Saint-Péray-Valence	13 »	—
Saint-Rambert	15 »	—
Lyon	18 »	—
Mâcon	21 »	—
Châlons-sur-Saône	24 »	—
Dijon	27 50	—
Gray, Is-sur-Tille	28 50	—
Besançon	29 »	—
Belfort, Delle, Lure, Vesoul	32 »	—

Une mesure économique à signaler encore pour le transport des vins, c'est l'emploi des wagons réservoirs au départ de Marseille à destination de toutes les gares des réseaux français. En utilisant les wagons réservoirs, les exportateurs tunisiens bénéficient ainsi du transport des fûts vides en retour.

Céréales

En ce qui concerne l'exportation des céréales il existe un tarif spécial P. V. n° 2 et annexes qui fait bénéficier les expéditeurs de prix également très avantageux.

Les huiles d'olives de la Régence bénéficient également d'un tarif commun P. V. nº 216. au départ des ports de Tunis, Sousse, Mehdia, Gabès et Sfax, à destination de toutes les gares du réseau P.-L.-M. Pour être fixé sur les prix de transport, il suffit de demander ce renseignement par écrit, à l'agent commercial de la Compagnie P.-L.-M. à Tunis. Huiles d'olives

Pour le transport des oranges et mandarines, jusqu'à présent, l'Algérie seule bénéficiait d'un tarif d'exportation. Depuis les premiers jours de janvier 1897, la Compagnie Paris-Lyon-Méditerranée a étendu ce tarif à la Tunisie; ce tarif est dénommé : *tarif spécial commun P. V. 203*. Oranges et mandarines

Le prix de ce tarif est celui du barème A (P.-L.-M.), appliqué sur la distance du port d'arrivée à destination et augmenté de 21 fr. 50 la tonne pour ces fruits embarqués à Tunis et à Sousse, et de 31 fr. 50 pour ces mêmes fruits embarqués à Djerba, Gabès, Mehdia, Monastir, Sfax, Tripoli. Le prix du barème A, de Marseille à Paris, est de 50 fr. 60 la tonne.

Ces produits bénéficient du tarif spécial G. V. Nº 14 du P.-L.-M. Denrées légumes poissons, etc.

Par expédition de 50 kilogrammes, ou payant pour ce poids, les légumes, oranges, citrons, bénéficient de ce tarif et paient :

Pour	100 kilomètres	............Fr.	18	»
	200 —	....	35	»
	500 —	....	84	»
	800 —	....	126	»
	900 —	....	138	»
	1.000 —	....	140	»

Le poisson est compris dans ce tarif, mais par expédition de 1.000 kilogrammes, ou payant pour ce poids.

Les raisins primeurs sont exclus de ce tarif. Expédiés en caisses, ils paient, la tonne, 171 francs de Marseille à Paris et 45 francs de Tunis à Marseille.

Les marchandises de *grande vitesse* paient sur les chemins de fer de la Régence 0f54 centimes par tonne et par kilomètre. Tarifs des transports par chemin de fer en Tunisie

Les marchandises de *petite vitesse* paient le prix de transport ci-après :

1re Série.............. Fr.	0 24	par tonne et par kilomètre, non compris les frais accessoires.
2e —	0 20	
3e —	0 15	
4e —	0 12	
5e —	0 10	

Il existe aussi un certain nombre de tarifs spéciaux à prix très réduits pour le transport des marchandises par wagon complet d'au moins 4.000 kilos ou payant pour ce poids. Ces tarifs sont tenus à la disposition du public dans toutes les stations.

Transports par arabas et chameaux

Les transports dans l'intérieur de la Régence, en dehors des voies ferrées, sont faits d'ordinaire à l'aide de charrettes spéciales au pays appelées *arabas* ou à dos de chameau.

Les arabas, soit sur route, soit sur piste, peuvent transporter 500 à 700 kilos, suivant les cas, au prix moyen de 5 francs par jour; une araba fait d'ordinaire 35 à 45 kilomètres par jour.

Les transports par chameau coûtent 3 francs par jour et par bête pour des poids de 200 à 250 kilos.

Renseignements commerciaux

La Compagnie Paris-Lyon-Méditerranée a créé, depuis 1891, un poste d'agent commercial à Tunis, auquel le public intéressé peut s'adresser pour tous les renseignements relatifs aux questions de transport, et un service de renseignements commerciaux fonctionne à la Direction de l'Agriculture et du Commerce.

Représentation des intérêts commerciaux et agricoles

Il existe à Tunis une Chambre de Commerce ainsi qu'une Chambre d'Agriculture; à Sousse et à Sfax, des Chambres mixtes de Commerce et d'Agriculture ont été installées dans le but de représenter plus spécialement les intérêts du Centre et du Sud de la Régence. Le Commerce est donc représenté officiellement en Tunisie, de même que l'Agriculture.

— —

TABLE DES MATIÈRES

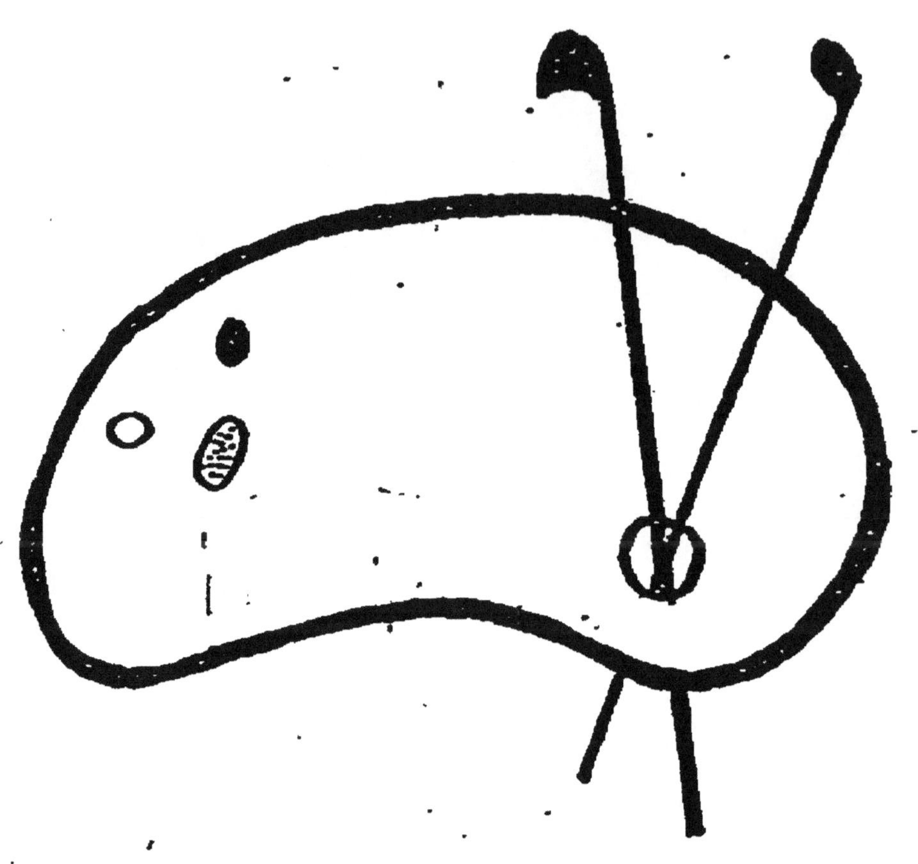

www.ingramcontent.com/pod-product-compliance
Lightning Source LLC
LaVergne TN
LVHW010037230826
846091LV00005B/1752

* 9 7 8 2 0 1 2 9 4 0 9 9 4 *